上海工程技术大学学术著作出版专项资助

青少年体育锻炼习惯养成的
影响因素及作用机制研究

褚昕宇　著

中国海洋大学出版社
CHINA OCEAN UNIVERSITY PRESS

图书在版编目（CIP）数据

青少年体育锻炼习惯养成的影响因素及作用机制研究/
褚昕宇著. — 青岛：中国海洋大学出版社，2024.7
ISBN 978-7-5670-3726-7

Ⅰ.①青… Ⅱ.①褚… Ⅲ.①青少年－体育锻炼－研
究 Ⅳ.①G806

中国国家版本馆CIP数据核字（2023）第243919号

青少年体育锻炼习惯养成的影响因素及作用机制研究
QINGSHAONIAN TIYU DUANLIAN XIGUAN YANGCHENG DE YINGXIANG YINSU JI ZUOYONG JIZHI YANJIU

出版发行	中国海洋大学出版社		
社　　址	青岛市香港东路23号	**邮政编码**	266071
出 版 人	刘文菁		
网　　址	http://pub.ouc.edu.cn		
电子邮箱	184385208@qq.com		
责任编辑	付绍瑜　刘　琳	**电　　话**	0532-85901092
印　　制	山东彩峰印刷股份有限公司		
版　　次	2024年7月第1版		
印　　次	2024年7月第1次印刷		
成品尺寸	170 mm×240 mm		
印　　张	12.25		
字　　数	214千		
印　　数	1—1000		
定　　价	75.00元		
订购电话	0532-82032573（传真）		

若发现印制问题，请致电0532-8311611，由印刷厂负责调换

前 言

社会的发展不断改变人们的生活方式和思维模式，青少年的生活方式也发生了深刻的变化。中共中央、国务院《关于深化教育改革全面推进素质教育的决定》指出：健康体魄是青少年为祖国和人民服务的基本前提，是中华民族旺盛生命力的体现。《健康中国行动（2019—2030年）》《体育强国建设纲要》等重大文件和政策的问世也推动着青少年体育事业的发展。政府对青少年体育工作的重视程度提高，全面实施青少年体育计划，提供了多元化的体育服务保障，促进青少年的健康发展。青少年只有在掌握体育基本知识和基本技能的同时，形成体育与健康的意识，养成良好的体育锻炼习惯，才能真正实现身体、心理、社会健康发展。从《关于深化体教融合促进青少年健康发展的意见》等一系列政策的发布和国内外研究数量的不断增加不难看出，运动不足成为影响青少年体质健康的直接因素，锻炼习惯养成成为改善青少年体质健康的主要手段，体育锻炼习惯的养成是学校体育教育的重要任务。在这样的背景下，青少年体育锻炼习惯的养成问题成为当今社会备受关注的重要课题。

本研究以体育锻炼习惯相关理论为指导，运用问卷调查法、访谈法对青少年体育锻炼习惯现状进行调查与分析，获取青少年体育锻炼习惯相关数据，运用层次分析法建构了青少年体育锻炼习惯影响因素理论模型，并运用回归、层次聚类分析对理论模型进行验证，将行为主义心理学和社会建构理论相结合，揭示了青少年体育锻炼习惯影响因素中个人、家庭、学校、社会的作用机制及特征，提出了干预青少年体育锻炼习惯养成的策略，为青少年体育锻炼习惯养成提供理论支撑和科学依据。本研究得出以下结论。

（1）青少年体育锻炼习惯养成整体情况有待改善，影响体育锻炼习惯养成的因素趋于多元。青少年自我感觉健康状况良好，但由于久坐、屏幕依赖等不良生活方式，青少年身体活动时间不足，多数青少年未形成体育锻炼习惯，其中女生差于男生；青少年体育课内外身体活动量不够；青少年有一定的参与锻炼的意识和认知，但在锻炼主动性和知识方面有所欠缺。问卷及访谈调查结果显示，青少年体育锻炼习惯的形成过程受到个人、家庭、学校和社会多方面因素的影响。

（2）为了探究青少年锻炼习惯养成的影响因素及其权重，本书构建了青少年体育锻炼习惯养成影响因素的理论模型，揭示包含个人、家庭、学校、社会4个方面32条目的影响因素，通过专家赋权的AHP模型建构，为揭示青少年锻炼习惯影响因素及其内部机制提供测量工具。运用验证性因子分析和层次聚类的方法验证了体育锻炼习惯影响因素模型，结果显示，个人、家庭、学校、社会的影响因素模型各因素均对体育锻炼习惯的养成产生重要影响。其中，学校因素高于其他影响因素，鉴于青少年的成长环境，应重视学校体育教育对其体育锻炼习惯养成的影响。

（3）运用体育锻炼习惯影响因素问卷和SRHI量表进一步分析模型中各条目对青少年体育锻炼习惯养成的影响程度，结果显示，个人因素中的享受乐趣、舒缓压力、实现目标的满意感、参与体育活动主动性有助于青少年产生并保持体育锻炼习惯；家庭因素中，父母的体育知识和运动习惯、家庭体育锻炼氛围、父母对体育运动的态度是重要影响因素；学校因素中，学业压力、体育老师指导水平、参加学校的体育社团、同伴们参与体育锻炼等对影响青少年的体育锻炼习惯养成亦有其不可或缺的地位；社会因素中，政府大型体育活动、城市运动设施易得性和政府推广是影响青少年体育锻炼习惯养成的较重要因素。体育锻炼习惯影响因素各模块之间均有复杂的联系。学校因素可能对个人在体育中感受的乐趣或个人满意感和学业压力等方面有负向的影响。社会因素与各因素之间的关系系数较高并且均是正向的影响。同时，本书分析了不同性别和不同年龄段青少年的体育锻炼习惯影响因素之间的差异。结果表明，不同性别青少年在个人、家庭、学校、社会影响因素和体育锻炼习惯方面均存在显著性差异，男性明显优于女性。通过对不同年龄段青少年的分析显示，青少年年龄越小，体育锻炼习惯受家庭影响越明显；随着年龄的增加，受学校影响越明显；16～18岁阶段受学校因素影响达到峰值；随着青少年的不断成长，社会因素的影响逐步显现。

（4）揭示了青少年体育锻炼习惯影响因素的作用机制，即情景线索、激励和锻炼行为对青少年体育锻炼习惯养成具有促进作用。在个体层面上，锻炼意识和情景线索是个人、家庭、学校、社会影响因素作用的关键。社会层面作用机制体现在个人、家庭、学校和社会的整体效应和各因素间的互动关系。作用机制的特点表现为体育锻炼习惯促进的早期性、影响因素的多样性、奖励作用的动态性和习惯养成的长期性。

（5）根据影响因素作用机制对青少年锻炼习惯予以干预，应该进一步关注"认知—意向—行动—保持"的体育锻炼习惯形成过程，注重锻炼意识诱导，促进体育锻炼习惯持续的线索提示，并且促进社区、学校、家庭的体育锻炼网络体系建立。

目　录

1 导论

1.1 引言

增强青少年体质、促进青少年健康成长是关系国家和民族未来的大事。2007 年 5 月发布的《关于加强青少年体育增强青少年体质的意见》中指出，要从小培养青少年良好的体育锻炼习惯，促使家庭、社会形成科学的教育观念和方式。发展青少年体育锻炼习惯，建立健康生活方式，是提升国民生命质量的重要途径。研究表明，体育锻炼以各种生理和心理方式促进着青少年和成年人的健康。如果定期进行锻炼并具有足够的强度，就会增加体力和灵活性，减少心血管疾病的风险，并且有助于更加有效地治疗应激和抑郁（Blair et al., 1992；Bijnen et al., 1993；Sallis & Patrick, 1994）。定期参加体育活动和一般形式的体力活动（如散步、跑步、拉伸），持续的健康饮食以及克制对人体健康存在潜在危害的行为（如沉迷于酒精、吸烟），对慢性病的预防有重要作用（Bocu, 2011）。

2018 年，我国发布的《中国儿童青少年身体活动指南》中指出，儿童和青少年每日进行至少累计 60 分钟的中、高强度身体活动，会带来更多的健康收益。身体活动有益于青少年心理健康，有助于提高其认知发展水平和学业成绩，可提高其社会交往技能已成为学界共识。体育活动似乎是儿童日常生活中的一个自然组成部分，一旦学会，就不需要有意识的努力和规划来启动行为。然而，随着年龄的增长，西方工业化国家的许多儿童逐渐追求和维持一种不活跃的生活方式，部分原因可能是同时进行的日常活动增多，如看电视和玩电子游戏（Gortmaker et al., 1990；Robinson et al., 1993）。例如，Kemper（1995）的一项纵向研究表明，大部分荷兰青少年在 14 岁以后，体力活动的水平就急剧下降。在美国青少年中也观察到了类似的模式（Kelder et al., 1993）。这些结果表明，儿童的日常体育活动习惯是相当短暂的，可能无法延续到成年。在回顾有关体育活动的文献时，我们可以清晰地观察到，具有健康促进效应的体育锻炼习惯在儿童进入青春期后就逐渐消失。

健康生活方式的行为基础往往始于儿童时期，但大量研究表明，众多青少年的生活方式不利于健康。久坐不动的生活方式加上不健康的饮食，可能会导致超重，进而导致肥胖，随之而来的是心理问题的出现和心血管相关疾病高发。体育活动是形成健康生活方式的重要因素，对身心健康的各方面都有好处（Byrne et.al.,1993）。体育活动是有效减轻抑郁症状、改善情绪的方法。Williams（2005）研究发现，健康饮食、每晚适当休息、每天进行体育锻炼的孩子体重减轻，身体状态感觉更好，在学校的表现也更好。

因此，研究青少年体育锻炼习惯养成，可以为青少年的个体健康成长提供科学依据，可以为家庭提供改善健康的策略，可以为社会生活方式的变革提供建议，对国家体育政策的实施也有一定的理论意义。

1.2 研究背景

1.2.1 国内外对青少年锻炼习惯养成的关注日益增加

1999 年，中共中央、国务院发布的《关于深化教育改革全面推进素质教育的决定》指出：健康体魄是青少年为祖国和人民服务的基本前提。2020 年发布的《关于深化体教融合促进青少年健康发展的意见》中提出，应深化符合中国特色的体教融合发展方式，推动青少年课业文化学习和课余体育锻炼协调发展，从而促进青少年健康成长。近年来，政府、社会、学校对青少年体育锻炼习惯养成日益关注，使得青少年体育锻炼习惯养成的研究成为炙手可热的课题。

研究表明，对所有人而言，科学、合理的体育锻炼有益于身心健康。而目前青少年体力活动参与量有着下降的趋势，并且随着年龄的增长，青少年参加体力活动的时间日趋减少，体质健康状况也随之每况愈下。良好体育锻炼习惯的缺乏会引起人口素质和生命质量的下降。

国务院《关于实施健康中国行动的意见》和《健康中国行动（2019—2030年）》提出，健康中国战略强调普及健康生活、优化健康服务、建设健康环境。体育是促进健康的有效手段。全民提高身体素质，培养体育爱好，使青少年学生爱上一两项体育项目并积极参与，才能真正促进他们养成终身体育的体育锻炼习惯。

1.2.2 运动不足成为影响青少年体质健康的直接因素

在不断变化的社会中，科技的发展在给人们带来众多便利的同时，也促使人们的生活方式发生了变革，其特征是久坐不动、缺乏体育活动、饮食不合理、精力不足等。Steven（2011）认为运动不足将成为 21 世纪最大的公共健康问题。

在健康领域的研究中，研究者们（Sabina et al., 2004；杨剑等，2020；郭强等，2017）对久坐不动人群数量不断增加的问题尤为关注。研究表明，在生活中进行各种体育锻炼的人所占的比例也在不断下降，超过60%的世界人口没有按照每天至少30分钟的建议进行体育锻炼。世界卫生组织进行的一项研究显示，肥胖已经成了一种影响成人和儿童的疾病。

历年全国学生体质健康测试调研结果显示，我国青少年体质状况令人担忧，肥胖率上升、身体素质逐步下降已成为危害青少年健康的重要因素（杨桦，2014），青少年肺活量、耐力、力量等素质持续出现下滑趋势。在导致青少年体质健康状况下滑的诸多因素中，运动不足、久坐等是学界推测的直接原因。

1.2.3 体育锻炼习惯养成成为改善青少年体质健康的主要手段

越来越多的证据表明，定期进行身体活动、体育锻炼对健康有益（Lee et al., 2012; Rebar et al., 2015; Rhodes et al., 2017; Warburton & Bredin, 2016）。Earl等人（2012）的研究表明，在美国，通过公共卫生从业人员和卫生保健人员的努力，减少吸烟、改善饮食和提高成年人的体育活动水平对死亡率下降产生了巨大的影响。对学龄前儿童来说，体育教育和体育活动习惯对健康的益处常被提及，体育锻炼习惯对儿童的生理、心理和社会发展具有重要的作用（Donnelly, 2003; Kopoulos et al., 2012）。体育锻炼习惯的养成被国内外学者公认为是干预青少年体质健康和生活方式的手段。

对于预防和治疗青少年肥胖，目前公认的科学有效的方式是合理的膳食、适量的运动和纠正不良行为习惯。鉴于持续参与体育活动的重要性，开发促进体育活动习惯的有效手段，对于促进保持体育活动参与的干预措施的执行将具有实用性。针对青少年不健康的生活方式，Atkinson（2002）等人提出了运动与饮食控制相结合的健康行为方式的网络干预方法，与传统方式相比，这种方式具有明显的优势。

1.2.4 体育锻炼习惯养成是学校体育教育的重要任务

进入21世纪以来，青少年健康问题已引起各国政府的高度重视。在我国，《体育强国建设纲要》将促进青少年提高身体素养和养成健康生活方式作为学校体育教育的重要内容，实施青少年体育活动促进计划。其中，在促进重点人群体育活动开展方面，指出要制订针对青少年、妇女、老年人、农民、职业人群、残疾人等群体的体质健康干预计划。在2020年印发的《关于全面加强和改进新时代学校体育工作的意见》中，学校体育被赋予了实现立德树人、提升学生综合素养的基础任务，更是加快推进国家教育现代化、建设现代化教育强国和体育强国的重要工作内容。

国外的研究应用儿童早期干预模型（Shonkoff & Meisels, 2000）、IMB（信息—动机—行为技巧）模型（Kelly, 2009）等，在教育阶段干预青少年的体育锻炼习惯取得了良好的效果，也得到了学校的广泛应用。

鉴于上述思考，本文根据已有的文献资料分析，提出了下列问题。

a.当今社会环境下青少年体育锻炼习惯现状如何？

b.哪些因素影响了青少年体育锻炼习惯的养成？

c.青少年体育锻炼习惯养成的影响因素理论模型怎样构建？

d.青少年体育锻炼习惯养成的影响因素在青少年体育锻炼习惯养成过程中如何发挥作用？

1.3 研究目的和意义

1.3.1 研究目的

本研究以与体育锻炼习惯相关的理论为指导，通过对青少年体育锻炼习惯现状调查与分析，获取青少年体育锻炼习惯相关数据，建构青少年体育锻炼习惯影响因素理论模型，并对理论模型进行验证，揭示青少年体育锻炼习惯影响因素中个人、家庭、学校、社会因素的作用机制及特征，提出促进青少年体育锻炼习惯养成的策略，为促进青少年体育锻炼习惯养成提供理论支撑和实践指导。

1.3.2 研究意义

1.3.2.1 理论意义

目前国内对于体育锻炼习惯的研究多为仅通过调查和访谈报告锻炼习惯次数和时长的描述性研究，对于体育锻炼习惯形成的理论模型没有明确的认知和详细的分析。本研究依据建构的体育锻炼习惯养成影响因素理论模型和调查、访谈、因子分析等结果，探索青少年体育锻炼习惯影响因素作用机制，以期有一定的理论创新，并对拓展青少年体育锻炼行为领域研究具有指导意义。

1.3.2.2 实践意义

青少年能够在掌握基本运动知识和基本运动技能的同时，形成体育与健康的意识，养成良好的体育锻炼习惯，从而实现身体、心理健康的目标，这是国家、社会、家庭非常重视的问题。本研究以青少年体育锻炼习惯现状为起点，研究体育锻炼习惯养成的影响因素及其作用机制，提出了具体干预策略，将会对今后指导社会、家庭、个人促进青少年养成体育锻炼习惯具有重要的启示和应用价值。同时，也为相关研究者在青少年体育锻炼习惯养成影响因素方面的研究提供了新的视角及借鉴。

1.4　研究对象与研究方法

1.4.1　研究对象

本文的主要研究对象界定为青少年。通过文献查阅与分析可知，研究中较为公认的人口学以青少年青春期生理发育的正态曲线分布情况为基础，将 15 岁至 25 岁年龄段界定为青少年期，并据此开展人口学统计。从《中国共青团章程》对青年团员的年龄界定方式来看，年龄在 14 岁至 28 岁的人群均被称为青年（表 1-1）。

表 1-1　国际、国内组织青少年年龄标准

组织和颁布时间	年龄段（岁）	出处
联合国教科文组织（1982）	14～34	墨西哥圆桌会议
世界卫生组织（1992）	14～44	
联合国人口基金会（1998）	14～24	1998 年世界人口报告
联合国（1995）	15～24	世界青年行动纲领
国家统计局人口司	14～28	中国 2010 年人口普查资料
共青团中央	14～28	共青团章程
全国青年联合会	18～40	青联章程
国家体育总局	小学—大学	学生体质健康标准
国家体育总局青少年体育司	6～19	工作标准

资料来源：吴烨宇.青年年龄界定研究.

根据国内学者肖林鹏（2012）对青少年的年龄界定，青少年的年龄范围是12 岁至 25 岁，即界定于中学到大学阶段。我国学者胡玉坤等人（2011）借鉴联合国发布的相关政策，将青少年的年龄段界定为 10 岁到 24 岁。本研究根据公安部门统计的统计标准和心理学、人口学的界定，将主要研究对象界定为 13 岁至 25 岁的初中生、高中生和大学生等人群。

调查研究分三部分，第一部分调查 1236 人（问卷），第二部分调查 295 人（验证层次分析法），第三部分调查 1021 人（因素模型）。访谈专家和层次分析法建模建构专家以及初中、高中、大学（高级职称以上）教师 10 人。研究体育锻炼习惯影响因素作用机制访谈青少年 30 人，其中对 4 人进行了深度访谈。

1.4.2 研究方法

本研究采用理论构建与数据构建相结合、现状调查和访谈相结合、层次分析模型建构与模型数据验证相结合、描述性统计与路径分析相结合、定量分析与定性分析相结合的多种软件统计、多层次分析、多角度综合考量的研究方法。在不同撰写阶段，根据各章节研究目标和不同研究内容，分别采用不同的研究方法。主要研究方法包括以下几种。

1.4.2.1 文献资料法

本研究采用文献资料法追踪研究前沿，运用 CiteSpaceⅢ对中国知网中主题为"习惯和体育锻炼习惯"的文献信息进行知识图谱绘制，作为文献研究的基础。应用 WOS 数据库查询习惯与体育锻炼习惯养成相关文献，对影响青少年体育锻炼习惯养成的理论基础和模型构建进行文献资料的分析，并在模型验证和机制分析中应用文献予以佐证。

1.4.2.2 问卷调查法

2017 年 7 月至 11 月，笔者根据国际体力活动问卷和自我报告习惯系数量表在网上编制问卷进行发放。根据可行性原则并考虑到研究对象的复杂性，选取上海某大学、上海某学校、内蒙古某大学、（东北）某市第一中学（初中部、高中部）、（华南）某职业学院、（西南）某外语实验中学 13 岁至 25 岁的青少年群体展开问卷调查，累计发放纸质问卷 600 份，回收 588 份，回收率 98%，网络问卷收集了 648 份，第一次调查期间合计回收 1236 份问卷（表 1-2），对青少年体育锻炼习惯养成现状进行了解。

表1-2 国际体力活动问卷调查对象特征分布表（根据问卷回收情况统计）

		人数	百分比
性别	男	595	48.14%
	女	641	51.86%
年龄段	13～15岁	316	25.56%
	16～18岁	367	29.69%
	19～21岁	407	32.93%
	22～25岁	146	11.82%

2018年8月，笔者对10名专家发放了体育锻炼习惯影响因素问卷（80条），对影响体育锻炼习惯的因素问卷进行了缩减，按照专家评分选取32条目进行AHP分析。

2019年2月，笔者应用自我报告习惯系数量表和体育锻炼习惯影响因素问卷发放问卷295份（表1-3），对体育锻炼习惯影响因素进行预调查，验证理论模型的可靠性和稳定性。

表1-3 体育锻炼习惯养成因素调查对象特征分布表（根据问卷回收情况统计）

		人数	百分比
性别	男	144	48.8%
	女	151	51.2%
年龄段	13～15岁	45	15.3%
	16～18岁	46	15.6%
	19～21岁	129	43.7%
	22～25岁	75	25.4%

2019年5月，笔者对研究对象发放自我报告习惯系数量表和体育锻炼习惯影响因素问卷，共回收问卷1261份，根据重复选项原则和明显错误选项进行剔除与问卷数据清理，保留有效问卷1021份，其中男生405份，女生616份（表1-4）。

表 1-4   体育锻炼习惯养成因素调查对象特征分布表（根据问卷回收情况统计）

		人数	百分比
性别	男	405	39.7%
	女	616	60.3%
年龄段	13～15 岁	45	4.4%
	16～18 岁	91	8.9%
	19～21 岁	780	76.4%
	22～25 岁	105	10.3%

所有问卷回收后使用 Excel 2010 进行数据录入，用 SPSS & AMOS 24.0 软件进行数据统计与分析，形成图表等支撑研究结果。问卷调查中问卷的选择和详细统计过程将在后续章节中详述。

1.4.2.3   访谈法

为揭示影响青少年体育锻炼习惯形成的因素，2018 年 8 月根据研究需要进行了第一轮专家访谈，针对影响青少年锻炼习惯养成的因素对适龄青少年、学校体育教师、体育管理人员和学生家长等进行访谈，形成养成体育锻炼习惯影响因素问卷（80 条）。第二轮按照专家评分选取问卷条目 32 条（专家名单见表1-5）。第三轮对青少年体育锻炼习惯养成影响因素和路径进行访谈和专家调查，运用层次分析法（Analytic Hierarchy Process，AHP），对体育锻炼习惯养成影响因素模式赋权。

表 1-5   访谈和专家问卷专家列表（根据专家问卷回收情况统计）

序号	姓名	工作单位	职称	研究方向
1	田老师	沈阳师范大学	教授	教学训练理论与方法
2	包老师	内蒙古民族大学	教授	体育教学与运动训练
3	张老师	山西师范大学	教授	体育教育与文化
4	倪老师	华东师范大学	教授	体育教学与运动训练
5	王老师	上海交通大学	教授	体育心理学
6	汤老师	上海师范大学	教授	体育心理学
7	谢老师	成都棠湖外语实验学校	中教高级	体育教学与训练

序号	姓名	工作单位	职称	研究方向
8	于老师	内蒙古通辽市第一中学	中教高级	体育教学与训练
9	贾老师	上海松江区上外松外学校	中教一级	体育教学与训练
10	刘老师	上海市向明初级中学	高级教练员	体育教学与训练

2019年7月至9月，笔者根据体育锻炼习惯养成过程，对30名青少年进行访谈（表1-6，访谈提纲见附录五），进行体育锻炼习惯现状分析，并提取个案佐证体育锻炼习惯影响因素作用机制。

表1-6　访谈对象情况列表（根据访谈情况统计，详情信息见附录六）

		人数	百分比
访谈方式	实地访谈	22	73.33%
	微信电话	8	26.67%
性别	男	14	46.67%
	女	16	53.33%
年龄段	13～15岁	5	16.67%
	16～18岁	5	16.67%
	19～21岁	10	33.33%
	22～25岁	10	33.33%

1.4.2.4 数理统计法

运用Excel 2010在后续章节的统计中进行数据初步统计和图表制作，运用SPSS 24.0对数据进行信度检测、相关分析、因子分析、线性回归分析、单因素方差分析等分析与建模，运用YAAHP软件在后续研究中构建AHP模型，运用Python 3.6对统计数据进行回归分析、层次聚类分析并制作可视化聚类图用于模型的优化与验证。AHP、层次聚类研究方法在后续章节中详细介绍。

1.5 主要研究内容及拟解决关键问题

1.5.1 研究内容

1.5.1.1 青少年体育锻炼习惯养成现状调查与访谈

根据体育锻炼习惯的概念和国内外相关健康生活方式的研究，应用《国际体力活动问卷》（International Physical Activity Questionnaire, IPAQ）和《自我报告习惯指数量表》（Self-Report Habit Index，SRHI量表）进行问卷调查，研究青少年体育锻炼习惯养成现状。《国际体力活动问卷》的研究内容，多被应用于国际流行病学研究（IPS），收集的数据主要是人们在 7 天内参加体育活动的分类，被试人群汇报高、中、低强度身体活动的时间和频率，以及人们在日常生活中的坐、步行等活动的频率和时间等，被广泛应用于研究 15 ～ 65 岁的人群在 7 天内的身体活动情况。

1.5.1.2 青少年体育锻炼习惯养成理论模型

基于《国际体力活动问卷》中关于促进和阻碍体育锻炼习惯养成的因素等条目，参考编制专家咨询问卷。根据检索的核心文献，从个人、家庭、学校、社会四个维度进行分析，结合计划行为理论、跨理论模型和社会认知理论对体育锻炼习惯养成的环境、运动锻炼参与度、任务难度、生活方式改变等因素综合分析，依据专家访谈对青少年体育锻炼习惯养成的理论模型进行建构。

1.5.1.3 青少年体育锻炼习惯养成影响因素模型

对研究问卷中所获得的影响青少年体育锻炼习惯养成的促进因素和阻碍因素，依照个人、家庭、学校和社会四个模块进行分析。应用层次分析法分析这些因素对于体育锻炼习惯养成的影响以及在模块中的权重，从而验证模型的可接受性，试图发现模型中的规律，进一步理解青少年体育锻炼习惯养成因素模型。

1.5.1.4 青少年体育锻炼习惯养成影响因素模型作用机制

根据理论模型的验证结果、获得的青少年体育锻炼习惯养成因素问卷以及自我报告习惯系数之间的关系分析，可知个人、家庭、学校和社会四个方面的影响因素如何进行作用，得以促使更多的青少年投身体育锻炼、养成体育锻炼习惯，进而形成健康、积极的体育生活方式，促使青少年的身心状况与整体生活质量得以改善。另外，揭示影响因素相互作用机制有利于进一步形成干预策略，更好地指导青少年体育锻炼习惯干预。

1.5.2 拟解决关键问题

1.5.2.1 体育锻炼习惯养成研究的理论依据梳理

以往关于体育锻炼习惯的文献众多，但是对研究锻炼习惯理论模型的阐释还没有形成较为公认的可信模型。本研究拟通过文献的梳理，总结现有的有关习惯、锻炼习惯、相关锻炼行为、形成锻炼习惯的过程的理论模型和相关研究的理论基础。

1.5.2.2 青少年体育锻炼习惯影响因素理论模型构建

根据国内外文献中研究体育锻炼习惯的计划行为模型、自我决定理论、社会生态理论等，结合文献分析，本研究将体育锻炼习惯的影响因素模型分成个人、家庭、学校、社会四个模块，而后对四个模块进行筛选，形成影响因素条目。根据专家打分将条目进行缩减，形成较为能够反映青少年体育锻炼习惯影响因素的条目，建构体育锻炼习惯影响因素模型。运用AHP层次分析法对影响因素问卷各条目进行赋权，进一步完善理论模型。

1.5.2.3 青少年体育锻炼习惯影响因素模型的验证

运用《自我报告习惯指数量表》和编制的《体育锻炼习惯养成影响因素问卷》进行理论模型的验证。运用Python数据拟合与线性回归分析、相关分析、聚类分析对体育锻炼习惯影响因素模型进行验证与分析。

1.5.2.4 青少年体育锻炼习惯影响因素作用机制探索

运用数据构建和验证体育锻炼习惯影响因素模型后，通过访谈等方法进一步探讨青少年体育锻炼习惯影响机制。通过理论构建推测得出个人、家庭、学校、社会方面的影响因素通过什么方式影响个体养成体育锻炼习惯。

1.6 研究技术路线、思路与创新点

1.6.1 研究技术路线

本研究的技术路线见图1-1：首先进行文献综述和专家咨询；而后根据文献综述提出问题、设计研究方案、选择和编制问卷、厘清理论模型；在研究体育锻炼习惯理论模型的同时，发放问卷调研青少年体育锻炼习惯养成现状；对调查结果进行统计分析，用专家法进行体育锻炼习惯影响因素理论模型的AHP层

次分析，应用SRHI量表和体育锻炼习惯养成影响因素问卷进行因子分析模型验证；根据模型提示，研究体育锻炼习惯养成影响因素的重要性和内部联系及作用机制，最后形成青少年体育锻炼习惯养成策略建议。

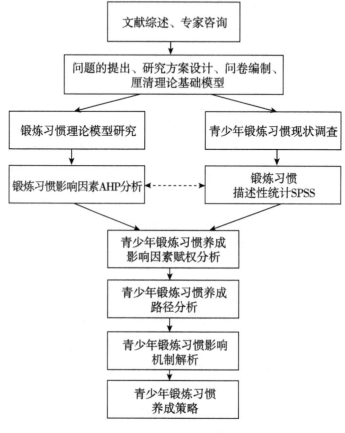

图1-1 研究技术路线

1.6.2 研究思路

通过国内外文献综述，本研究梳理了习惯、锻炼习惯和体育锻炼习惯养成的研究现状，提供了构建青少年体育锻炼习惯养成因素模型的理论依据；应用问卷调查和访谈，了解青少年体育锻炼习惯现状和与之相关的影响体育锻炼习惯养成的因素；应用专家访谈和问卷，建构了体育锻炼习惯养成影响因素理论模型，运用AHP法分析模型中影响因素的权重；应用青少年体育锻炼习惯影响因素问卷和SRHI数据进行回归、相关、层次聚类分析、验证性因子分析，对模型进行了验证；根据研究结果，进一步分析不同性别、不同年龄段体育锻炼习惯影响因素作用的特点和规律，从而揭示青少年锻炼习惯影响因素的作用机制，提出青少年体育锻炼习惯养成促进策略。

1.6.3 研究创新点

1.6.3.1 理论视角创新

在学者们研究影响锻炼习惯因素的过程中，较为公认的观点是体育锻炼的意识作为体育锻炼行为的起点往往起到决定性的作用。但众多因素还包括情感体验、个人需要、锻炼目标、锻炼阻碍、自我效能、自我管理、环境再评价和互动关系等，本研究在分析体育锻炼习惯影响因素的作用机制的过程中，关注提出锻炼者–体育环境的互动模式，并且关注锻炼习惯的情景线索、目标和习惯的双系统、锻炼习惯影响因素的整体性，尝试探索一定程度上的理论视角创新。

1.6.3.2 模型量化创新

已有的研究多为影响因素描述性研究，本研究运用调查、访谈、数据模型建构的方法获得了青少年体育锻炼习惯影响因素模型，并结合国内外对体育锻炼习惯形成机制的研究探究了体育锻炼习惯影响因素的作用机制，定量化揭示了青少年体育锻炼习惯养成影响因素的构成及其相互关系，并且对影响因素进行了异质化分析，探讨了作用机制的特点和影响锻炼习惯影响的过程化，为提高干预青少年体育锻炼习惯的效果提供科学依据，在一定程度上实现理论创新。

1.6.3.3 方法应用创新

通过体育锻炼习惯影响因素模型的AHP建构，本研究揭示了不同影响因素的权重，验证了模型的稳定性和可靠性；运用SEM进行影响因素模型建构分析，应用Python层次聚类数据拟合优化了体育锻炼习惯影响因素模型，属于无监督机器学习的层次聚类方法在体育锻炼习惯研究中的应用，实现了研究方法在新的研究领域的应用创新。

2 文献综述

2.1 习惯

当我们以外部的角度观察生命体时，最早发现的通常是看到它们的许多习惯。一般认为，赋予先天性倾向的习惯称为本能，而由于教育而形成的习惯，大多数人称之为理性行为。关于习惯的哲学最初出现在物理学中，而不是生理学和心理学中。如果习惯归因于自我对于外部手段所表现出来的可塑性，我们立刻就可以看到大脑物质对什么样的外部影响来说是可塑的。它们能做的事情要么是深化原来的路径，要么就是找到新的路径。一个简单的习惯和所有其他神经事实一样，只是一种机械性的反射释放，其解剖学基础一定是系统中的一条路径。

卡彭特博士写道：这是一个普遍的经验，即对特殊天资的各种训练施加于成长中的生物体时，比施加于成年生物体更有效，也会留下更为持久的印象（冯特，1874）。卡彭特博士一语道出了我们的神经系统生长在它习惯性练习的模式中。普遍承认的事实是，被经常重复的心理活动序列，都倾向于使自己永久化；以至于我们自动地促使自己去思考、感受或者做我们以前在类似情况下已经习惯于思考、感受和做的事情，而不带有任何意识形式的目的或者对于结果的预期。经济学家们往往认为习惯是一种规则、秩序或称之为一种制度。社会学家对于习惯的研究则主要从风俗角度或制度层面展开。心理学家认为习惯是一种行为方式，华生、斯金纳等都对习惯进行过类似的表述。

人们日常行为中有相当大的部分是习惯（Bamberg et al., 2003; Danner et al., 2008; Rhodes & Rebar, 2018; Wood & Neal, 2007）。"习惯"一词被广泛用于预测和解释行为。鉴于习惯在日常生活中无处不在，对人类行为的完整理论解释需要对习惯的理解。在体育活动的背景下，了解习惯将有助于深入了解体育活动可以在多大程度上成为习惯，以及可能导致体育活动习惯发展的过程。习惯被认为是产生行为的基本因素（Triandis, 1977）。在健康心理学的"习惯"中，频繁的、持续的或习惯性的行为被定义为"习惯"情景，暗示作为一种现象，行为是由情景线索自动提示的学习线索行为关联的结果（Wood & Neal, 2009）。习惯是在特定情境下的重复行为（Lally et al., 2010）。这加强了一种心理情境与行为的关联，比如其他的替代行为难以在情境下执行（Danner et al., 2007, 2008），在无意识的特定环境下激活潜在的行为，有意识地控制、认知努力或深思熟虑（Bargh, 1994）。习惯长期以来被认为是行为的基础（James, 1891; Watson, 1913），最近人们对健康心理学中的习惯重新产生了兴趣（Gardner et al., 2011; Lally & Gardner, 2013; van t'Riet et al., 2011）。

2.1.1 习惯的定义

理论和研究把习惯区分为一种习惯行为和习惯作为一种过程或心理建构（Aarts & Dijksterhuis, 2000; Gardner, 2015; Mazar & Wood, 2018; Wood, 2017）。许多理论认为习惯是一种特定的行为。例如，一些理论家将习惯概念化，并将其度量为过去的行为频率（Sutton, 1994; Trafimow & Borrie, 1999; Triandis, 1977）。在对于习惯的定义中，社会学家、哲学家们都对习惯有着深刻的理解，但心理学家们的定义比较具体和清晰，往往把习惯定义为一种行为或者行为倾向（表 2-1），从而在研究上能够更好地观测其变化过程。

表 2-1　在发表的外文文献中对习惯的明确的心理学定义

参考文献	定义	习惯是……
Gardner et al.（2012, p. 1）	基于所学的情景 – 行为联想，是在遇到联想的情景时自动产生的，通过情景依赖重复习得的行为模式	一种行为
Gardner et al.（2011, p. 175）	通过情景依赖重复习得的行为模式：在不变的环境中重复表现会加强情景 – 行为联想，随后遇到情景就足以自动提示习惯化反应	一种行为
Nilsen et al.（2008, p. 35）	获取的行为模式，直到它们变得几乎是非自愿的……习惯是由环境相对直接提示的，很少有目的性思考，而且往往没有任何意识	一种行为
Nilsen et al.（2012, p. 1）	反复发生的行为，直到它变得或多或少是自动的，在没有目的性思考的情况下实施，基本上没有任何意识	一种行为
Ouellette & Wood（1998, p. 55）	在一个稳定的支持环境下重复回应的倾向……启动和控制反应的认知过程是自动的，可以与其他活动并行快速地执行，并分配最小的集中注意	一种行为倾向
van t'Riet et al.（2011, p. 586）	习得的行动序列，这些行为在过去通过奖励经验而得到加强，这些行为是由环境引发的，在很大程度上超出了人们的意识范围	一种行为

参考文献	定义	习惯是……
Verplanken & Wood（2006, p. 91）	当人们在稳定的环境中重复行动的时候，一种自动的反应方式，习惯形成是指在记忆中，在行动和环境中的稳定特征之间建立联系；表现环境中反复出现的方面会直接触发习惯化反应，而不需要人们的意图或行动决定的投入	一种自动化
Wood & Neal（2009, p. 580）	一种自动行为，其特征是不依赖于人们的目标和意图的严格的行为情景线索。习惯是随着人们在稳定的情景中反复做出反应而形成的，从而在记忆中形成这种反应和表现，对情景中线索之间的直接联想	一种自动化

综上所述，从关于习惯的文献中可以看出，习惯的定义一般被认为有广义和狭义两种。广义的习惯指的是社会或群体的习惯，即在特定的社会生活环境中或群体中人们长期参与社会实践逐步形成的较为固定的、类同的生活准则与方式，这一准则或方式的遵守可以得到群体规范或社会力量的认同。狭义的习惯有时也被定义为个人习惯，是指个人在长时间的生活实践中形成的，基于一定社会经验的比较固定的思维模式或行为方式，是一种不需要意识的思维现象和行为规则。

2.1.2 习惯的心理学机制

习惯的研究历史与心理学史有着趋势上的紧密联系，从桑代克行为主义传统心理学（1898）研究中对于心理满足和习惯的特定含义的界定，到众所周知的斯金纳的操作性条件反射理论（1938）以及 Hull（1943）正式提出的激励理论。但这些基于简单强化的习惯模型很快就被取代了，后续的研究中采纳了更多目标和认知研究观点。例如，Tolman（1948）应用内部表征学习和图谱针对重复行为进行的研究，以及 Miller 等人（1960）运用目标信息处理机制替代习惯的方法。乃至于 20 世纪六七十年代，习惯研究的发展很大程度上独立于认知心理学与决策领域的研究。现今，从计划行为理论到双系统模型，科学家们对于习惯产生和持续的心理学机制的探究从未终止，并且由于研究的广泛开展，在体育锻炼习惯领域也产生了很多优秀的理论成果。

2.1.2.1 习惯的形成过程和原则

本研究在文献综述和相关理论基础上对习惯的形成、保持、改变做了文献的梳理。许多与日常健康相关的行为是重复和自动执行的，几乎没有预先考虑（Ouellette & Wood, 1998）。在心理学中，"习惯"被定义为一种行为模式，当这种行为在过去被重复和持续地执行时，这种行为模式会自动地产生反应（Verplanken & Aarts, 1999; Wood & Neal, 2009）。最近的研究表明，在一致的环境中，重复一个行为后，习惯强度会增加（Lally et al., 2010, 2011）。当一个新的动作被执行时，情境和动作之间的心理联系就产生了，而重复会在记忆中加强和建立这种联系（Wood & Neal, 2009），使得在那种情况下可选择的动作更难以被接受（Danner et al., 2007, 2008）。随后，当遇到相关的提示时，会自动激活习惯性响应。虽然由动机所调节的行为的执行通常需要刻意地努力，但是习惯被认为是自动触发的，因此可能在没有意识、有意识的控制、精神努力和深思熟虑的情况下发生（Bargh, 1994）。

一个已经被执行了少量次数的行为是否会继续重复，在很大程度上取决于人们在新行为开始之后是否还想继续执行它。这可能取决于对行动后果的反应。在长期行为改变尝试的早期阶段，引发负面影响的目标导向行为通常会停止，而那些引发积极情绪的目标导向行为可以增强和增加改变的动力（Louro et al., 2007）。满足感亦被认为是重要的，因为"满足感表明最初改变行为的决定是正确的"（Rothman, 2000）。Baldwin 等人（2006）发现，自我效能感（相信自己的能力）预测了那些尚未尝试戒烟的人未来是否会尝试戒烟，对戒烟经历的满意度预测了那些已经戒烟的人更长期的成功率。满足来自获得有价值的预期绩效结果，但不切实际的期望可能会降低满足感，从而降低坚持下去的动力（Rothman, 2000）。有效的规划可能需要对当前的行为进行准确的评估，以识别当前和期望绩效之间的差异（Carver & Scheier, 1982）。在这方面，自我监控尤其重要。自我监控可以帮助识别持续不受欢迎的行为，潜在地有助于动员和实施策略，以减少当前行为和期望行为之间的差异。它还可以帮助确定执行新行为，从而实现目标。

作为自动启动的结果，人们假设习惯对行为有两种相互关联的影响。首先，至少在与常见线索相关的地方，习惯促使人们频繁地表现；其次，在这些线索的存在下，习惯可能在调节行为中的主导意图（Hall & Fong, 2007; Triandis, 1977）。这些预测得到了健康方面相关行为的经验支持。一项关于健康饮食和身体活动习惯的研究显示，身体活动习惯和健康饮食之间存在较强的加权习惯行为相关性（0.46）。在所研究的 9 项关于习惯调节效应的调查中，有 8 项表明，随着习惯强度的增加，意图对行为的影响较小（Gardner et al., 2020）。其他研究发现，经常在一致的环境中进行的行为，很可能已经成为习惯（Lally et al., 2010），即使动机发生了变化，仍然倾向于坚持（Ouellette & Wood, 1998; Webb & Sheeran, 2006）。习惯的自动化已形成，即使习惯与有意识的意图发生冲突，也很难抑制（Hofmann et al., 2008; Verplanken & Faes, 1999）。在理解习惯与健康的相关性方面的进展一直受到测量问题的限制。传统观点认为，由于习惯是通过重复形成的，因此对过去行为频率的测量可以充分反映习惯（Triandis, 1977）。然而，在稳定的决策环境中，反复的思考和习惯都能促使频繁的行动（Gardner, 2009），因此频率不能区分理性行动和习惯性行动（Ajzen, 2002; Verplanken, 2006）。

习惯形成的基本原则是，如果一个特定的行为在不变的环境中反复执行，就会形成一个习惯（Lally et al., 2010; Triandis, 1977; Wood & Neal, 2007）。因此，习惯的形成需要经过四个阶段。第一，必须做出采取行动的决定。许多理论都关注意图形成的心理预测因子（e.g. Ajzen, 1991; Bandura, 1997）。经验证据表明，改变这些预测因素可能会改变意图（e.g. Fife-Schaw et al., 2007; Web & Sheeran, 2006），但对长期变化的持续性关注较少。第二，必须将采取行动的决定转化为行动。意向和行为差距是有据可循的（Webb & Sheeran, 2006），可以通过使用自我调节策略来克服（Michie et al., 2009）。第三，行为必须重复。这通常需要持续的动机（Rothman, 2000），也可能由自我调节技术支持（Michie et al., 2009）。这三个阶段是"行为改变"的一般原则，实际上，习惯的形成依赖于新行为的开始和重复（Lally et al., 2010, 2011）。第四阶段与第三阶段密切相关，即新的行为必须以有利于发展的方式自动性重复。

2.1.2.2 习惯产生的机制行为主义的视角

行为主义学派的学习理论在20世纪六七十年代带来了认知革命，随之大量关于内隐过程的研究在80年代和90年代出现。习惯可以被定义为基于记忆倾向于对特定的线索做出自动反应的行为方式。

一般来讲，习惯行为不都被认为是可以观察到的，包括思维习惯（Verplanken et al., 2007）。例如，Veblen（1899, 1922）区分了思维习惯和行动习惯，并认为后者可能塑造前者。核心行为主义者Watson（1913）也谈到了心理习惯，虽然他显然不认同诸如反思、意识或其他心理过程等概念具有相关性，但接受了思维习惯的概念。

思维过程是言语肌肉系统中的运动行为。心理习惯指思维发生的方式，有别于思维的内容。习惯性的思考可能是有效的，比如当反复出现的问题很容易得到解决时，会形成记忆；但也可能出现功能失调，如有习惯性消极的自我思想（e.g. Verplanken et al., 2006; Watkins, 2008）。心理学家们运用行为主义观点绘制了涉及从事某项活动的行为、思维和内隐系统之间的交互作用，养成习惯、体现现有的习惯以及心理习惯的产生过程形成合理的连接图示（图2-1）。

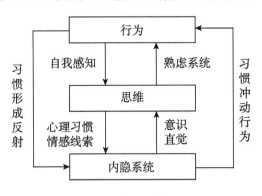

图2-1　习惯的行为主义流程图

2.2　体育锻炼习惯

在身体活动研究领域，最引人注目也最具争议的概念之一便是体育锻炼习惯，因为理论上习惯的自动化和无意识特征似乎与身体活动所需要的努力和复杂性相矛盾。然而习惯是大脑的捷径，它允许我们正常地参与日常生活行为，同时执行其他想法（褚昕宇等，2020）。Wood和Runger（2016）提出的习惯理论模型中，习惯和目标系统之间的交互是通过习惯的形成、习惯的表现以及对习惯行为原因的推理来实现的，而这种交互也是模型的重要环节。习惯理论模型强调习惯与目标定向行为之间主要通过三种方式交互：首先，习惯是人们在特定的情景中重复相同反应以寻找目标；其次，正如模型所描述的那样，虽然习惯是有效的默认应答模式，但是习惯和目标之间通过协同作用指导行为；第三，人们倾向于从习惯表现的频率来推理习惯行为的意向。

因此，体育锻炼习惯作为一种健康的生活方式，也适用于习惯理论模型。首先，体育锻炼目标（如减肥、健身）通过激励人们进行反复的体育锻炼实践以及促使他们接触体育锻炼的情境，从而影响个体体育锻炼习惯的养成。一旦体育锻炼习惯得以形成，情境线索（如健身房、其他锻炼者）会自动激活记忆中的习惯表征（如锻炼强度、时间与频率）。其次，人们不仅会关注他们已经形成的体育锻炼习惯，往往还会在一定程度上关注他们最初进行体育锻炼的目标。这样的惯性一旦形成，除非体育锻炼者有足够的动机根据当前的情况调整他们的体育锻炼行为，否则体育锻炼习惯就会成为一种默认应答的方式（褚昕宇等，2020）。最后，人们根据自身体育锻炼行为来推理他们的初始目标。

2.2.1 体育锻炼习惯的概念及其特征

体育锻炼习惯被认为是有规律地重复身体活动的体育锻炼行为。一般来说，体育锻炼习惯的概念中也有两种理解。一种是体育锻炼的习惯，即高频率地参加体育锻炼被认为是一种体育锻炼习惯。例如，一个运动员可能频繁地跑马拉松，这可能就被认为是一种体育锻炼习惯。由于习惯需要很长时间才能形成，另外一种理解是独立于行为频率的，认为体育锻炼习惯是稳固的。随后形成了一个观点，认为习惯是一个持续的身体活动预测，即在过去的行为和深思熟虑之后用意图等作为控制（Rebar et al., 2016）。

事实上，如果体育锻炼者不能解释或控制他们的体育锻炼行为，他们在每周有多次 30 分钟以上的体育活动就不能被理解。通常自我进行的有规律的身体活动的次数被认为是体育锻炼习惯（Prince et al., 2008），而不是失去意识的体育锻炼行为。此外，体育活动使身体脱离休息状态，一旦被情感激发了锻炼行为（Ekkekakis et al., 2008），也被认为是身体活动形成了体育锻炼习惯（Lee et al., 2016）。纵观体育锻炼习惯的研究，学者们的分歧在于自然形成的规律锻炼行为是否可以被定义为习惯。体力活动的强度增加，身体不适感也会增加。这也是体育锻炼难以形成自动性的习惯的原因。体育活动是否不同于其他健康行为，是否可以应用传统理论来理解体育活动，目前仍需要充分的说明（Rhodes & Nigg, 2011）。

在体育活动时间上，成人每次积累 10 分钟，每周能够达到 150 分钟被认为是有体育锻炼习惯的（世界卫生组织，2008）。然而我们可以发现，对于体育锻炼习惯的界定，国外学者普遍接纳的是根据习惯的四要素来衡量体育锻炼行为。第一，看这种体育锻炼行为是否有产生体育锻炼行为的意图或决定；第二，是否将体育锻炼行为付诸实践或是否有倾向参与体育锻炼；第三，是否达到了重复进行该体育锻炼行为的表现；第四，是否形成了依赖的行为反应，即不需要太多的主观意识就能投身于体育锻炼行为。可见，国外的研究也将体育锻炼习惯划分为频率说和自动化说两种，其中考虑的体育锻炼习惯特征包括自动化、无意识性、稳定性等。

2.2.2　体育锻炼习惯的产生－保持－打破

2.2.2.1　体育锻炼习惯的产生和形成

习惯是通过操作性条件反射发展起来的，建立在重复奖励的基本原则之上。通常情况下，形成情景－应答联系（Context-response Associations）是重复的下意识结果，通过应答后的奖励可以进一步增强这种联系。在神经系统水平，多巴胺（Dopamine）支持这种强化学习（Reinforcement Learning, RL）模式。通过奖励预测误差（Reward Prediction Errors）信号，或者预期奖励和实际奖励之间的差异，多巴胺的应答被视为相关脑区习惯学习的指导信号（Schultz, 2016）。比如个体刚开始时对某个奖励做出重复应答，多巴胺信号促进了习惯学习，但是由于反复的奖励导致个体对重复信号的反应不敏感。然而，区别于通常的外部奖励，这种内部奖励被认为是情绪反应以及随后对身体活动的情感判断，代表了个人对经历的期望，比如对内在调控、享受、乐趣和愉悦感的期望（Ekekakis et al., 2013; Rhodes et al., 2009）。

虽然习惯与自动化这两个术语有时可以互换使用，就像其他的自动应答一样，以一种自动方式激活了记忆中的习惯而无需执行控制（Evans & Stanovich, 2013），但是习惯有时并不是自动化的同义词，其最贴切的理解是具有特定特征的、习得的自动化应答。而习惯自动化（简称习惯化）的两个特征定义是：第一，通过重复发生的情境线索激活；第二，对目标的短期变化不敏感（即不依赖于目标）。各种线索提示都有可能触发体育锻炼习惯表现，包括体育锻炼场景、其他体育锻炼者以及先前的体育锻炼体验等。一旦养成体育锻炼习惯，对情境线索的感知就会自动激活习惯化反应的心理表征。比如，在特定情境下（家庭、学校、社区）的体育环境能够自动激活体育锻炼行为，是体育锻炼习惯自动化的情境线索。

2.2.2.2　体育锻炼习惯的保持与改变

习惯的保持需要更多的重复和奖励，内部影响和环境都是影响习惯的保持与改变的重要因素，诱因、重复刺激、奖励是保持体育锻炼习惯的关键。

计划行为理论和理性行为模式研究中多关注与体育锻炼行为的目标，而忽略了体育锻炼习惯的另外一个重要方面，即锻炼行为的重复性。如果一个人在某一天为了达到某一特定目标（如感到心情舒畅）而进行了一次体育锻炼，那么其可能会在第二天有类似体育锻炼行为的决定因素是其前一天锻炼行为的愉悦体验，而不是目标。因为，在进行这种锻炼行为的同时，人们会先了解到这种行为的后果产生的效果是有利的还是不利的。换言之，产生体育锻炼的决定在很大程度上受到人们从以前愉快的体育锻炼体验中获得的先验的影响。在研究中，Fishbein 和 Ajzen（1975）以及 Ajzen（1991）认为，先前的行为极可能会影响后来的行为。简言之，行为产生的反馈效应会影响随后人们对社会规范和行为态度的看法。此外，经验上来看，随着实践的增加，行为控制的感知与行为产生有着直接的相关性，并且这种感知将逐渐和行为控制同等重要，成为行为产生的表现或一种提示的技能。因此，研究者们认为，行为前置经验对后续行为的影响，是可获得的、有一定的社会规范性、能够执行行为意图的、能够影响的控制能力模式。

然而，当个人一次又一次地做出同样的决定时，可能会有人质疑，个人是否经历了一个深思熟虑的决策过程，还是说现在的行为受到了过去行为的直接影响。例如，Triandis（1980）研究指出，当行为在过去的经验中反复出现并已成为习惯时，初始的刻意性意图在指导后续行为时可能变得无关紧要。研究中，Triandis（1980）假设行为意图和习惯在预测后续行为的过程中是相互作用的。亦有研究者（Dishman，1982）观察到，运用态度变量来考量，在锻炼行为的一开始，参与锻炼的行为的目标是稳定可靠的，而在行为不断重复的过程中，目标常常是不可靠的。这一推断可以这样理解，重复的行为在很大程度上取决于已形成的无意识的习惯，而非需要目标驱动的理性行动。也有行为决策理论家指出，习惯性的行为决定可能由更早、更理性的决策战略所决定，这种战略已成为自动化，因此，在每次遇到决策任务时并不需要经历整个战略决策的全过程（Beach & Mitchell，1978）。也就是说，当某一行为已经多次发生后，一个人不需要反复权衡利弊，也不需要每每检查自己的感觉和行为控制，便能够自动地做出选择。习惯一旦形成，后续的行为可能仅仅通过习惯形成之前的特定情境线索自动触发，而不需要重新决策。这样看来，跨理论模型的过程化推演就符合了习惯行为的进行。

2.2.2.3 打破习惯和养成习惯的障碍

创造新的健康习惯往往需要用一个更可取的选择来替代一个现有的不受欢迎的行为（Bouton，2000）。然而，对于经常执行的行为（很可能是习惯性的），意图变化是行为变化的弱预测因子（Webb & Sheeran, 2006）。在这种情况下，意图的改变仍然具有预测性，这表明仅仅是形成了意图就有可能克服不想要的习惯（Danner et al. 2011）。然而，通常在这些情况下，当一个行动的机会出现时，许多人的行为会与他们之前的习惯一致，尽管他们有动机去执行一个替代方案（Wood et al., 2005）。在设计干预措施时，重要的是考虑到以前建立的不受欢迎的习惯所带来的挑战。

打破习惯的另一个解决方案是离开不需要的习惯性反应的环境（Wood et al. 2005; Verplanken et.al., 2008）。停止接触习惯线索会破坏习惯性行为，也会让新习惯在新环境中依附于线索（Verplanken et al., 2008）。在某些情景下，有目的地改变环境可能是一个可行的干预策略。例如，可以鼓励人们走不同的路线去上班，避免遇到他们通常购买不健康食品的商店。这可能是打破习惯最直接的方法，因此应该在可以利用自然环境变化的情况下使用（如搬家）。这些例子提供了一个"机会之窗"，在这里，旧的习惯可以被打破，人们可能更容易接受旨在形成新的健康习惯的干预努力（Verplanken & Wood, 2006）。环境中的线索是有用的工具，可以帮助人们记住他们计划好的未来行为（Einstein & McDaniel, 1990），如果利用得当，也可能有助于打断习惯表现。结果表明，虽然随着时间的推移，提示逐渐失去作用，但行为仍在继续，可能是因为习惯已经形成（Tobias, 2009）。提示效果的减弱对习惯的形成造成了潜在的问题，因为提示可能在习惯形成之前就失去了对行为的影响。然而，这也许可以通过用突出的替代线索替换最初的线索来解决。综上所述，打破习惯的方法一种是新习惯取代旧习惯，一种是戒除环境等习惯的提示线索。我们在对于体育锻炼习惯的发展中也可以应用这两种方法，例如，以每天进行 30 分钟体育锻炼的新习惯替换不运动的习惯，午休时间尽量少待在座位上而是选择外出散步。

从上述习惯形成过程的描述可以看出，体育锻炼习惯的产生和保持往往存在许多阻碍。为了应对这一挑战，干预措施一方面可以阻止旧的、冗余习惯的自动提示，另一方面可以促进新的、期望的行为改变，以促成新习惯的形成。

2.2.3 体育锻炼习惯形成过程中的关键问题

2.2.3.1 体育锻炼习惯的干预时间

Kaushal 等人（2017a,b）的案例研究证明了干预的有效性，他们使用干预策略促进了体育活动习惯的形成。研究人员给每个人提供了一个提示，让他们为即将开始的行为做准备。例如，在早上，从你的衣橱里挑选出你最喜欢的运动服，在上班之前放在床上。当你回到家的时候，衣服还放在床上，在你穿上去体育锻炼之前，它们会继续提示你。研究结果表明，干预 8 周后，被试者体育活动有所增加，但必须强调的是，干预包括额外的组成部分（如行动计划），不能将影响因素仅仅归因于体育活动的准备行为。此外，干预促进了对准备行为线索的使用。这可以扩大到个人被训练使用自我导向的策略来重组他们自己的环境，以促进身体活动习惯的发展。

一项在自然环境中跟踪健康习惯形成过程的研究表明，在一致的提示下重复一个行为，会导致该行为变得更加自动化（Lally et al., 2010）。在这项研究中，96 名参与者每天进行一次自我选择的健康促进活动，以回应一个稳定的提示（如"早餐后散步"）。最初的重复导致自动性大量增加，但随着每一个新的重复，自动性收益减少，直到行为达到极限的自动性（Adams, 1982; Dickinson, 1985）。一些自费研究项目声称，形成一个习惯需要 21 天（Maltz, 1969），但研究人员普遍认为，习惯的形成过程比这一过程要慢（Redish et al., 2008; Rothman et al., 2009）。Lally 等（2010）发现，参与者达到自动性渐近线的平均时间为 66 天，范围为 18 至 254 天。如果每周去体育锻炼 4 次，估计需要 6 周的时间才能使去健身房变为自发的行为（Kaushal & Rhodes, 2015）。以上的研究结果表明，今后进一步做关于习惯的研究时，6 至 9 周的干预时间或许能够很好地干预体育锻炼习惯的形成。

2.2.3.2 意图和前瞻记忆

行为意图是行为开始的重要前兆，但"意图 - 翻译"并不完善（Sheeran, 2002; Webb & Sheeran, 2006）。许多与健康相关行为的研究表明，在那些打算进行这些行为的人中，平均表现率只有 47%（Sheeran, 2002）。这种"意图""行为差距"可能部分归因于行为动机的特点。例如，意图的显著性、优先级、强度和稳定性都影响一个人是否形成了采取某一行动的意图，并在后来出现表现机会时仍倾向于这样做（Bagozzi & Yi, 1989; Sheeran et al., 1999）。

前瞻记忆研究可以为如何形成最大效果的体育锻炼习惯实施意图提供参考。首先，如果行动的线索是事件，而不是时间，那么制定计划的可能性最大，因为时间线索需要持续监测，以确定适当的行动机会，而基于事件的线索则不需要（McDaniel & Einstein, 2000）。基于事件的线索允许自动检索习惯关联，这是由于通过制定实现意图提高了线索的可访问性。外观上更独特或更新颖的线索能够更有效地激发计划行为（McDaniel & Einstein，1993）。此外，当人们已经在日常生活中进行活动（任务执行中）时，会将注意力集中在所选择的与预期行为关联的线索，从而强化他们的预期行为（Marsh et al., 2000; Meier & Graf, 2000）。因此，执行意图的最有效线索可能是日常生活中不太可能错过的独特事件。

2.2.3.3　奖励获得对体育锻炼习惯的影响

在行为主义文献中，奖励作为线索–反应关联的增强剂，其作用已经得到了广泛的研究。早期的研究表明，当表现是高回报的，行为被重复的可能性很高（Skinner，1938）；传统上，人们认为只有当对每一次重复的行为给予奖励时，习惯才会形成（Hull, 1943, 1951）。这里需要区分不同类型的奖励（Deci et al., 1999），包括外在（有形）奖励（如财务激励）和内在奖励（如快乐、满足）。

为每一种行为的表现提供外部奖励有可能阻碍习惯形成过程。频繁的外部奖励行为可以通过工具学习行为–结果关联（Tolman, 1932），导致未来的绩效受到预期行为将产生奖励的驱动（Colwill & Rescorla, 1985）。因此，外部奖励会降低继续执行行为的内在动机（Deci et al.,1999）。使用预期的和有条件的有形奖励来加强行为本身对自动性的发展可能没有问题，但不可能提供无限期的奖励行为。此外，习惯（作为一种暗示反应）的特征是当有形的奖励被移除或贬值时的持续表现（Dickinson, 1985）。因此，明确针对目标的自动行动不构成一种习惯，目标的取得是视行为而定的经验结果。目标导向的自动性和习惯之间的区别是很重要的。删除奖励或停止贬值的奖励，目标导向的自动行为可能会停止，而习惯性的行动不会（Wood & Neal, 2009）。只有当奖励的实现没有成为绩效的目标时，外在奖励才有可能促进习惯的形成（Dickinson, 1985）。当奖励与行为成比例时，行为与奖励之间的感知偶然性较高；而当奖励在大小和时间上随机出现时，二者的感知偶然性较低（Wood & Neal, 2009）。在可行的情况下，可以为促进健康的行动提供切实的奖励，奖励那些朝着长期行为改变目标前进的个人。

还需要做更多的研究来理解习惯形成和外部奖励之间的关系，以及促进重复行为的理想偶然性，从而加强习惯性行为背后的线索–反应联系。值得注意的是，Lally等人（2010）在对健康饮食或体育锻炼习惯的真实发展的研究中，没有提供外部强化，但习惯也形成了。这可能是因为参与者选择了一种他们从本质上有动机去采用的行为。因此，外在的奖励可能不是形成习惯所必需的。干预开发人员可能更喜欢成本较低、不涉及提供奖励的行为改变计划。在不使用奖励的情况下，重要的是确保习惯形成的尝试集中于支持内在动机的行为改变。

2.2.3.4 体育锻炼行为的一致性和复杂性

James（1890）假设，行为的不间断表现是形成习惯的必要条件，一个错失的机会就会逆转之前所有的学习。这一假设在现实的健康环境中得到了解决。Lally 等人（2010）发现，一个错失的机会对习惯形成的影响可以忽略不计。一项关于 12 周内体育锻炼习惯发展的研究发现，在表现行为上的失误（定义为缺勤一周）预示着未来的表现会更差，尤其是在研究的前 5 周（Armitage，2005）。因此，当遇到提示时，持续重复行为可能是帮助形成习惯的最佳方法，但如果偶尔出现遗漏，则没有必要暗示参与者应该放弃。对同一线索做出多种反应可以减少任何一种反应成为习惯性反应的机会，因为心理线索反应关联可以被线索和其他反应之间的关联稀释（Wood & Neal，2007）。目标系统模型（Kruglanski et al.，2002）也呼应了这一观点。该模型表明，如果可以用许多行为来实现一个目标，那么目标与任何一种行为之间的关联就会减少。因此，选择一个与许多其他反应没有关联的线索可能很重要。这一研究提示我们，在对青少年体育锻炼习惯的干预中，如果指导过于宽松，重复的频率可能会低于形成习惯所需的一致性水平。

有研究者认为，需要高度灵活性的行为在执行过程中仍然由审慎的计划系统控制，而不是成为习惯（Redish et al.，2008）。然而，Wood 等人（2002）在一项日记研究中指出，即使是复杂的行为，在稳定的环境中重复出现，也会比没有实践过的情况下产生更少的相关行为思维。这表明，复杂的行为可以变得自动，但不如简单的行为。对于需要灵活性的行为（如在城镇中跑步），专注于养成一种行为方式的习惯可能是有帮助的。启动一个动作序列可以让人们投入进去，并让他们完成这个序列。例如，那些通过穿跑鞋开始"跑步"并离开家的人比那些没有开始跑步的人更有可能继续跑步（Verplanken & Melkevik，2008）。

2.2.4 体育锻炼习惯测量方法

2.2.4.1 国外研究中体育锻炼习惯的测量

传统上认为，由于习惯是通过重复形成的，因此对过去行为频率的测量可以充分反映习惯（Triandis，1977）。然而，在稳定的决策环境中，反复的思考和习惯都能促使频繁的行动（Gardner，2009）。因此，频率不能区分理性行动和习惯性行动（Ajzen, 2002; Verplanken, 2006）。体育锻炼习惯通常是通过自我报告得出过去行为的频率来衡量的。然而，这种方法的有效性是有限的，因为它只评估习惯形成的可能性，而不评估习惯特征自动反应的强度。在这种背景下，自我报告习惯指数已经被Verplanken和Orbell（2003）提出。SRHI由12个项目组成，评估习惯性行为的特征包括重复、自动性（可操控性、缺乏意识和认知效率）以及与自我认同的相关性。SRHI被认为可以通过测量与行为密切相关的可调节的意图倾向，在理论上预测稳定决策环境下的行为关系（Gardner et al., 2020）。然而正如Labrecque和Wood（2015）所强调的，不同于指导从当前意向有限输入的表现的习惯自动化，经历过的自动化测量往往不能评估触发情景，并且可能获得更普遍的自动化。然而在出现触发线索时，这些测量能成功获取习惯强度。对日常习惯强度最有效的评估或许涉及反应时间，即接触相关情景线索习惯化反应的易得性测量（Neal et al., 2012）。

另一种方法是结合行为频率的自评与表现情景的稳定性评价，反映出习惯代表了重复成对的应答和反复出现的情景线索的逻辑（Galla & Duckworth, 2015; Wood & Neal, 2009）。但是，关于习惯的意图的测量一直没有被解决。行为动机变量或许可以弥补这一点，并且可以指导行动，但它同时也伴随着预测的误差。由于意图的暂时性在调节意图与行为关系方面有较大的作用，因此，可以进行意图强度的测量标准被认为是最佳的测量方法（Coumeya et al., 2000）。但目前研究者们还没有解决这一问题，因此SRHI仍是最常用的习惯测量方法（Ouellette & Wood, 1998; Webb & Sheeran, 2006）。

越来越多对于习惯的测量开始捕捉习惯和目标之间的联系、性能、频率和上下文稳定性（Wood & Neal），这些因素都可以影响习惯频率的测量（Aarts et al., 1997）以及习惯自我报告的自动控制（Grove et.al, 2014; Verplanken & Orbell, 2003）。然而，这些措施在很多时候已经产生了相应的效果，但它们不能涵盖习惯的所有组成部分。此外，一些如自我报告的习惯指数可能会受到访问方法的影响并产生报告偏差（Hagger et al., 2014; Labrecque & Wood, 2015）。也很少有研究调查体育活动中现有习惯测量（如行为）的收敛效度、频率、上下文稳定性、响应频率和自我报告习惯的准确性。这些测量方法可以利用决策任务，随着GPS技术的进步，可以跟踪个人体育活动行为的发生过程，以及这些行为执行的环境，从而测量线索和行为反应之间的隐含联系，来进行任务决策的测量。例如，智能手机的普遍使用使研究人员能够促使个人定期完成体验测量，GPS等设备内置技术能够频繁采样实时的客观数据。

2.2.4.2 国内研究中体育锻炼习惯的测量

在体育锻炼习惯的测量方面，国外研究众说纷纭，我国学者的观点也未统一。多数学者认为评判体育锻炼习惯是否形成，应借鉴体育人口的评定标准。一般描述为：每周自愿参加每次活动时间为 30 分钟及以上的具有中等强度以上的体育锻炼行为不少于 3 次的情况，被认为是具有了体育锻炼习惯。

学者们对体育锻炼习惯也都拥有自己的判断。王则珊（1992）认为，习惯是经过反复不断练习而逐渐养成的自动化行为模式，通常不需要意志的努力和监督。王红等人（2001）认为，养成个人的体育锻炼习惯至少需要达到以下目标：每周参加 5 次体育锻炼，每次 1 小时；锻炼者不需要加以意志的努力；当体育锻炼者生活条件或环境发生变化，仍能坚持主动改变体育锻炼的内容进行锻炼；一系列适合体育锻炼者需要的科学的健身方案逐渐形成；最终获得了体育锻炼者所期望的体育锻炼效果。在养成体育锻炼习惯的过程中，体育锻炼者若能逐渐做到上述五个方面，实际上也可以说是遵循了体育锻炼的经常性、自然性、适应性、科学性和目的，就意味着体育锻炼习惯的养成。王培菊（2001）、白文飞（2003）、姜晓珍等（2004）、尹博（2005）等也做出了类似的论述，达成共识的描述为：每周 3 次及以上；每次 20 min 以上；中等强度以上。但在持续时间方面，白文飞（2003）认为持续一年的体育锻炼可以被认为是成了习惯，姜晓珍等（2004）则认为需要坚持 10 个月以上，王培菊（2001）认为一次或偶尔参加体育锻炼不能被界定为体育锻炼习惯已形成。

从上述对体育锻炼习惯的研究分析来看，目前国内尚未对体育锻炼习惯的检测方法和评价标准达成共识，但是关于每周参与体育锻炼频度、体育锻炼时长、体育锻炼强度、体育锻炼持续时间等有较为详尽的描述，也对体育锻炼习惯的特征进行了阐述，但并没有开发用于测量的工具。

目前国外对于习惯的测量也通常来自个人的自评报告。一种方法是结合行为频率的自评与表现情景的稳定性评价，反映出习惯代表了重复成对的应答和反复出现的情景线索的逻辑（Galla & Duckworth, 2015; Wood & Neal, 2009）。另一种是自我报告习惯指数，从自动化体验和过去表现频率的问卷测量中评估习惯强度（Verplanken & Orbell, 2003）。由于体育锻炼习惯具有独特的运动性，因此，本书在选择测量工具时结合了学者们对于体育锻炼习惯的描述并且选择了SRHI作为测量体育锻炼习惯的工具，使本书中体育锻炼习惯的评价更为科学化和实用化。

2.2.5 健康生活方式的改变与体育锻炼习惯相关研究

促进健康生活方式的发展是公认的家庭、学校和整个社会的优先事项之一。现代社会，由于科技的进步和生活方式变化等因素，有久坐不动等不健康生活方式的年轻人越来越多。积极而有规律的体育锻炼对人体具有有益的影响，可以使人们的身体变得越来越强壮、健康，身体姿态得到纠正，身心和谐发展。此外，这些活动有助于实现心理平衡和健康状态，并形成一种支持体育锻炼的态度，进而有助于更好地提高生活质量。

许多健康目标只能通过反复的行动来实现。例如，减肥（或保持身材）可以通过坚持健康的饮食或经常进行体育活动来确保能量平衡。"行为改变"指的是一个长期的过程，其特征是开始一种新的促进健康的行为，并保持这种行为。随着时间的推移，习惯的概念在重复这种行为的过程中潜在生成。通常，行为改变干预的有效性受到限制，因为当一个积极干预期结束时，对目标行为的参与也会结束，而短期行为收益在长期内会丧失（Jeffery et al.,2000）。健康习惯的形成可能使健康的行为更能抵抗不健康的行为，因此有助于干预期之后的维持（Lally et al., 2008; Rothman et al., 2009）。

许多在干预中有针对性的健康行为可以成为习惯性行为。SRHI在观察性研究中的应用表明，饮食行为、身体活动、积极旅行和手部卫生往往具有习惯性成分（Aunger et al., 2010; de Bruijn, 2010; de Bruijn & Gardner, 2011; Gardner et al., 2020; Rhodes et al., 2010）。因此，在设计健康行为改变干预措施时，可以应用习惯形成方法。然而，据我们所知，迄今为止，只有一种明确基于习惯形成模型的健康促进干预被设计和评估（Lally et al., 2008, 2011）。"十大减肥秘诀"是一项以一张行为清单为基础的干预措施，建议人们每天都要做一组类似的事情，并提倡每天在类似的情境下以类似的方式做这些事情，包括一个简单的自我监测表。这些研究指出了在健康行为改变干预中使用习惯形成原则的可行性和潜在有效性。

最近的研究表明，在一致的环境下，鼓励参与者定期进行促进健康的行为（如吃水果、喝水、参加体育活动），报告了与习惯相关的自动性的增加（Lally et al., 2010, 2011）。如果存在有损健康的习惯，就会阻碍意愿向行动的转变。打破这些习惯需要打破线索反应关联。最近的研究表明，停止接触习惯线索

（Verplanken et al., 2008; Wood et al., 2005）或编写对这些线索的替代响应程序（Adriaanse et. al., 2010; Quinn et al., 2010）可以帮助将动机转化为有利于健康的行动。习惯的发展需要一种新习惯的开始和维持，以取代先前已有的习惯，因此有关意图转化为行动（包括打破习惯）和促进习惯不断重复的证据不仅适用于行为的改变，更广泛地适用于习惯的形成。

在对习惯形成的干预中，或许需要提醒是有意做出的决定，通过电子提醒来执行理想行为，虽然增加了重复，却也阻碍了自动化和情景－应答联系的学习（Stawarz et al., 2015）。这种损害了学习情景－应答联系的审慎决策则需要更多被动的提醒形式（如物理标志），虽然有助于最初的重复行为发生和习惯的形成，但随着时间的推移，最终也会失去效力（Tobias, 2009）。

也有证据发现，习惯的形成效果可以来源于没有专门对应习惯的强制干预措施。例如，养成健身习惯的原因是体育锻炼的良好效应能使健身俱乐部的新成员保持体育锻炼（Armitage, 2005）。关于自我控制的研究中也表明，习惯现象对于维持理想的行为是有作用的。具有高度自我控制能力的人并不是通过抑制欲望来达到目标的，而是通过控制行为养成习惯，使他们能够在经历不必要的诱惑的前提下实现既定目标（Galla & Duckworth, 2015; Hofmann et al., 2012）。人们自我控制的特质往往会提高完成任务所需要的自动化能力（de Ridder et al., 2012）。

总之，通过消除不良的习惯，并确保以良好的习惯方式重复既定的理想行为需要人们接受长期存在的行为，这一过程需要干预措施的参与。这些干预措施对于调整人们在日常生活习惯策略的使用，需要通过有效的自我控制来达成目标。

2.2.6 体育锻炼习惯国内文献研究现状

2021年3月，以"体育锻炼习惯"为主题在中国知网（CNKI）中进行检索，可获得文献总数1802篇，其中1987年3篇，2020年97篇。从文献发表量上可以看出，近年来对体育锻炼习惯的研究受到了学者们的广泛关注，发文量逐年增加（图2-2）。从研究主题可以看出，我国学者较为关注的研究主题是"体育锻炼习惯""体育锻炼""锻炼习惯"和"体育教学"等（图2-3）。

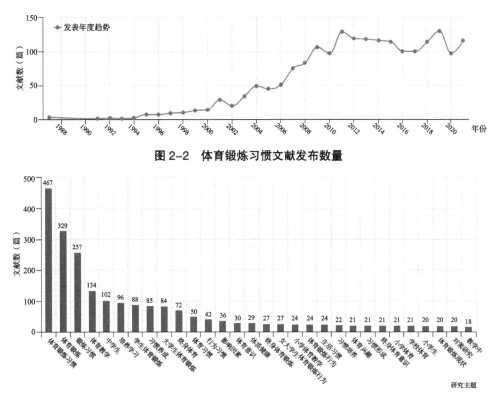

图2-2 体育锻炼习惯文献发布数量

图2-3 不同研究主题中文文献发文数量

将在中国知网中检索的以体育锻炼习惯为关键词的文献信息用CitespaceIII进行Pathfinder制图（Q=0.6695，MS=0.7924），通过绘制图谱得出了频次较高的关键词。聚类关键词后发现，"行为习惯""习惯养成"为中心性较高的关键词，说明国内关于体育锻炼习惯的研究多关注行为领域的研究，对过程化的研究也有涉及。从体育锻炼习惯的研究对象来看，"大学生""青少年""中学生"的研究较为广泛。从研究载体来看，"运动类APP"和"体育课"等关键词是研究内容的重要组成部分，说明随着科技的不断进步，在进行传统的教学课堂研究的同时，也有新兴的研究内容脱颖而出。

从对文献的进一步挖掘来看，我国学者对于体育锻炼习惯的研究多停留在频次和现象的应用研究方面，方法上多使用调查问卷的调查实证研究方法，收集数据的手段较为单一；对于体育锻炼习惯养成的原因探究不多，相关理论基础梳理也并不多见，对体育锻炼习惯的定义停留在体育锻炼频率、次数、强度等现象的描述上。值得关注的是，我国学者针对体育锻炼习惯的研究具体表现为研究对象的局限性、研究内容的固定和研究方法的单一。另外，相关跨学科研究较少，经济学、管理学、心理学、教育学等学科中关于习惯的研究并没有被应用于体育锻炼习惯的研究中，在研究的手段和纵深上均有待于进一步的发展。

国内学者对体育锻炼习惯的研究取得了一定的成果（王坤，2011）。其中，曲阜师范大学解毅飞、内蒙古师范大学姜晓珍、临沂师范学院王洪妮、广西医科大学莫连芳、华东师范大学季浏和上海体育学院肖焕禹等学者均发表3篇及以上以体育锻炼习惯为主题的文献，说明国内已有部分学者深入地研究了体育锻炼习惯概念、内容和测量方法等。李晋裕（2001）认为体育锻炼习惯是在长期体育锻炼活动过程中形成的、自觉主动的、情感愉悦的、经常重复的行为。而毛振明（2011）在研究中则强调习惯从无到有的养成过程，即人们在后天长期的体育锻炼实践中形成的参加体育锻炼的行为定式和行为模式。

邹肖云（1994）认为，终身体育锻炼的习惯，从概念上讲，是人在一生中逐渐形成的不易改变的体育锻炼行为。如刚彦（1995）认为体育锻炼习惯是逐渐养成的，是一时不易更改的高度自觉和生活化了的行为取向或社会风尚。关北光（1997）、吴维铭（1999）、王红等人（2001）也对习惯的稳定性、重复性、反射性等特性进行了分析，提出了体育锻炼习惯形成的方式。王华倬（2002）认为，体育锻炼习惯是一个人生活中，体育方面的、稳定的、经常的一种行为模式。早期的研究都显示了学者们对体育锻炼行为的特质的关注。

宋尽贤（2011）在文献中指出，体育锻炼习惯不同于一般的习惯，它有一定的特殊性，社会化程度更高，有明显的身体行为，是一种更为理性的行为模式。陈鸣等人（2003）也就习惯的不易改变性和巩固性进行了描述，认为体育锻炼习惯是大脑皮层形成的稳固的神经性联系。运动技能是体育锻炼习惯形成的前提条件，意志活动是体育锻炼习惯发展的重要因素（陈鸣和余健，2003）。钟振新等人（2003）也持类似的观点。解毅飞等人（2004）认为，体育锻炼习惯是指人们在后天不断重复身体练习的基础上，逐渐形成的、内在需要的、比较稳固的自动化锻炼行为模式。这样的定义说明了研究者对习惯形成的过程、动因和特点的关注。

根据以往学者们对于体育锻炼习惯的定义的研究，我们不难发现，多数学者认为，体育锻炼习惯的特征是锻炼行为和习惯形成过程的相互作用、相互促进。体育锻炼习惯是在不断重复的实践活动中形成和发展起来的，其具有后天性、获得性、稳定性、自觉性、指向性、省力性和自动化等特征。普遍认为，具有体育锻炼习惯养成者对身体锻炼的认识、情感、技能等都有比较明显、稳定的心理特征（王华倬等，2002）。

邹肖云（1994）、颜军（1995）、钟振新等（2003）、莫连芳（2007）等研究者，根据习惯的作用和特点、体育锻炼习惯的一般规律、掌握身体锻炼的原理和方法将体育锻炼习惯的形成现状描述为：每周参加体育锻炼不少于3次；每次活动时间不低于30分钟；具有与自身体质和所从事的体育项目相适应的中等或以上负荷；持续时间达到1年以上（莫连芳，2007）。而体育锻炼习惯养成者的特征应包括以下几个方面：认识体育锻炼的作用和特点；懂得体育锻炼的一般规律；掌握体育锻炼的原则和方法；了解自身的特长和弱点；具备良好的意志品质和体育锻炼的自觉性（陈鸣，余健，2003）。

体育运动作为提高青少年体质健康水平、促进青少年全面发展的主要抓手，在青少年的健康成长过程发挥了关键作用。家庭、社区和学校营造的体育环境是青少年接受完整体育教育的三大重要场域，它们共同承担着以体育方式促进青少年健康成长的责任与使命（舒宗礼，2016）。科学的体育锻炼习惯会对身体产生良好的作用。因此，多数体育锻炼习惯的研究针对的是研究体育锻炼习惯的表象，例如体育锻炼的频次、活动时间、活动内容，并没有大量关于体育锻炼习惯形成的原因或影响因素的研究。

2.2.7 体育锻炼习惯国外研究现状

2021年5月29日，笔者运用上海某大学图书馆WOS数据库进行文献检索，检索主题为"exercise habit"，检索到文献796篇，进一步以"physical exercise habit"为主题进行检索，检索到2002年至当时文献268篇。对文献进行了数量和研究领域可视化统计分析，从检索到的文献篇数（图2-4）来看，从2003年以来，文献的篇数不断增多，从2003年的仅4篇，到2020年有72篇文献之多，说明对于体育锻炼习惯的研究也逐步受到了国外学者的关注。

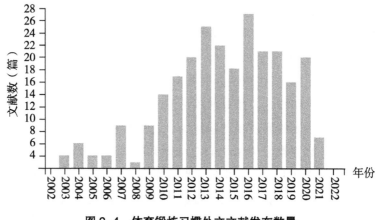

图2-4 体育锻炼习惯外文文献发布数量

从研究领域角度可以看出，关于生理学领域的体育锻炼习惯研究文献占比最高，有85篇，普通内科有71篇，行为科学有63篇，而后是心理学52篇和体育科学48篇（图2-5）。其中，文献《中年人群的锻炼习惯与骨骼肌减少症发病率较低的关系研究》被引用63次，《健康成年人的体育锻炼习惯与海马灰质体积相关研究》被引用52次，《青少年和年轻的成年癌症幸存者：运动习惯，生活质量和体育活动偏好》和《探索运动行为、意图和习惯强度之间的关系》都被引用46次，《在美国医学生健康的运动习惯与较低的倦怠风险和较高的生活质量相关研究》被引用43次，为被引用次数排名前五的5篇期刊文献。笔者对这些文献进一步研究发现，研究领域主要是医学和心理学、行为学，研究的主要内容是基于健康行为过程的研究（Schwarzer, 2008; Schwarzer et al., 2011），计划行为理论、社会认知理论等心理学理论的扩展理论（Sniehotta et al., 2010）和习惯形成框架研究（Lally & Gardner, 2011）等，多以体育锻炼行为的意图、计划、行为过程为研究主题。研究的主要对象为学生和康复期的人群，如癌症幸存者、肥胖人群、老年人群和各年龄段学生人群等。

从高引用量的文献中可以看出，目前国外对于体育锻炼习惯研究的主要内容包括习惯的概念和界定、体育锻炼习惯的界定、习惯的形成和发展、习惯和自律行为、习惯的测量和理论模型、体育锻炼习惯的改变和干预等。习惯的理论和既往研究区分了作为行为的习惯和作为过程或心理结构的习惯（Aarts & Dijksterhuis, 2000; Gardner, 2015; Mazar & Wood, 2018; Wood, 2017）。研究者普遍认为习惯是一种特定的行为。例如，一些理论家将习惯概念化为通过测量而得到的过去的行为频率（Sutton, 1994; Trafimow & Borrie, 1999; Triandis, 1977）。

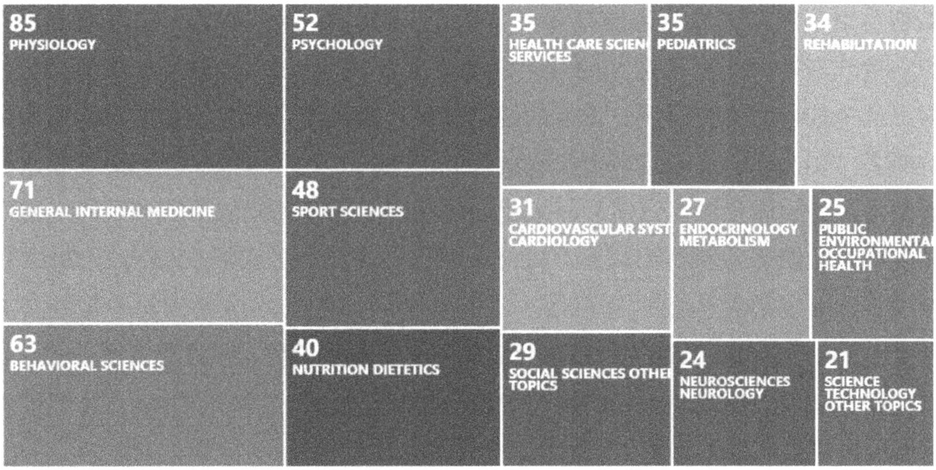

图 2-5　体育锻炼习惯外文文献研究领域数量图

在国外研究中，体育锻炼行为也被界定为习惯的一种，因为重复的体育锻炼行为包含多种习惯行为的要素，而每一种体育活动都包含一系列连锁行为的协调行动。例如，跑步和游泳均需要协调四肢来维持运动状态，二者本身就有多次的重复行为，而在行为的过程中，相关设备、运动地点、运动的场所和人群等都会成为再次参加运动的线索，不断强化体育锻炼行为。而在理论模型和习惯干预的研究中，研究者们普遍认为，习惯是通过在稳定的环境中反复体验活动而形成的。这种活动最初是由目标和奖励控制的，但随着习惯的发展，这种控制转变为无意识的、自动的过程。培养习惯的干预需要促进自我调节技能，使活动的重复体验与稳定的线索或情境相结合。计划行为理论（Ajzen, 1991）是一个典型的社会认知理论，在习惯的研究中应用非常普遍。随着不同理论的应用，国外的理论研究发展非常广泛，目标定向理论、跨理论模型等理论都被学者们关注。对于习惯的测量也得到了理论和实践的发展，并超越了仅使用量表和对回顾过去行为的方法进行的研究，而是包括行为的频率、相关行为稳定性的测量、情景回顾和可获得性的研究（Wood & Neal, 2009）。在干预方法上，目标设定、行动计划或实施意图（Gollwitzer, 2014）、自我监控（Harkin et al., 2016）、环境重构（Venema et al., 2017）等行为技能，包括"自我督促"，都是可以帮助个人获得体育锻炼习惯的策略。

对大多数人来说，许多日常行为（如刷牙、系安全带、洗手）都被内化成了程序化的行为执行，人很少付出有意识的努力（Ajzen, 2002），这些行为被称为习惯。复杂的健康习惯，例如体育锻炼，也被认为是一种习惯，即使它们最初是由意图和深思熟虑的自我调节引导（Lally et al., 2008）。在习惯力量上的积极改变是我们期望达到的目标行为改变干预（Lally & Gardner, 2011），因为一旦一种行为成为习惯，其他的健康风险可能会随之减少，并确保锻炼行为的维持（Rothman et al., 2009; Verplanken & Wood, 2006）。在体育锻炼习惯的研究中，关于体育锻炼习惯对心脏代谢风险和肥胖等问题的研究和不同年龄段学生样本的锻炼习惯研究较多。Racette等人（2013）研究了2005年至2010年注册的134名研究生的锻炼习惯。研究的结果往往支持体育活动干预的必要性（Suminski et al., 2010）以及体育锻炼习惯对改善学龄儿童注意力有一些影响（Taras, 2005）。Buckworth和Nigg（2010）调查了493名参加了10个体能训练课程的大学生的身体活动、锻炼和久坐行为之间的关系。

国外学者们在体育锻炼习惯的研究中回顾了定义和理论、体育锻炼习惯的界定与研究观点、体育行为的习惯属性、体育锻炼习惯的形成过程、自我调节和社会认知理论等对体育锻炼习惯的影响、习惯测量问题、体育锻炼行为干预手段与方法应用于促进体育锻炼习惯的形成等。随着学者们的广泛研究，虽然越来越多的人对体育锻炼习惯的认知显著增加，但未来需要研究的问题仍然有待挖掘。这包括发展综合的习惯理论，整合多个视角，产生最佳的措施和研究设计，运用更多的方法捕捉身体活动习惯（如行为措施和经验抽样），评估培养行为技能的干预措施的有效性等。通过更多的研究以促进体育锻炼在稳定环境下成为常规化的习惯被认为是促进人类健康的手段。

2.3 本章小结

本章首先介绍了习惯的定义、习惯的心理学机制、习惯的形成过程和原则，对前人研究的行为主义习惯的模型进行了介绍；然后针对体育锻炼习惯的概念、形成及其在形成过程中的关键问题和测量方法，以及其对健康生活方式的良性作用的相关研究进行了综述。

社会学对于习惯的研究主要从风俗习惯或制度的层面进行，心理学家则认为习惯是一种行为方式。神经科学和脑科学认为，习惯是网状结构组织在海马体、下丘脑、纹状体、新皮质层尤其是前额叶对信息协同处理的工程中，能促使某些特定信息和组块得以自动且快速反应的过程。习惯被定义为与环境线索或背景特征同时发生的特定行为反应。习惯性行为，如身体活动，表现在联想记忆中，体验为低努力、自动、独立于目标和意图。习惯是通过在稳定的环境中反复体验活动形成的。这种活动最初是由目标和奖励控制的，但随着习惯的发展，这种控制转变为无意识的、自动的过程。培养习惯的干预需要促进自我调节技能，使活动的重复体验与稳定的线索或情境相结合。

目前的研究已经对体育锻炼习惯方面的理论和研究进行了较为充分的分析。体育锻炼习惯从表象上来看是每周 3 次以上每次 30 分钟以上的规律性锻炼行为。从实质来看，体育锻炼习惯可划分为四个阶段。第一，必须做出决策采取行动（体育锻炼意识）。第二，行动的决策必须转化为行动（体育锻炼行为）。第三，行为必须重复（获得情景线索或良好的情绪体验）。第四阶段与第三阶段密切相关，即新的行动必须以自动化的方式重复（保持）。发展有效的干预措施来培养体育活动习惯是未来运动心理学的重要研究内容。

本研究后续关注青少年锻炼习惯的现状、青少年体育锻炼习惯养成影响因素等，特别是各因素之间的复杂关系和体育锻炼影响因素的表象、特征与作用机制。通过对以往文献的回顾发现，学者们在研究影响锻炼习惯的因素的过程中认为，个人的、学校的、家庭的以及社会的因素是较为普遍的共识。体育锻炼的意识作为个人体育锻炼行为的起点，往往被认为起到决定性作用。很少有研究关注体育锻炼习惯行为潜在的认知过程及其影响因素的作用机制。本研究对于促进青少年体育锻炼习惯养成影响因素及其机制探索具有重要意义，主要理论基础是习惯和体育锻炼习惯的产生规律、现象等。

3 相关理论基础

本书的主要研究内容为体育锻炼习惯，来源于人们的体育锻炼行为的不断重复。体育锻炼是一种身体活动，也是养成锻炼习惯的手段。体育锻炼习惯养成是体育锻炼行为形成体育锻炼习惯这一生活方式的过程。众多理论对于解释体育锻炼行为现象和体育锻炼习惯现象已有成熟的理论体系。迄今为止，养成体育锻炼习惯的决定因素已得到学界的广泛认同，包括行为的意愿、行为的可达成和行为产生的情绪反馈等。早期的锻炼行为理论是基于信息加工范式的认知主义理论，它们出自同一元理论体系，关注的是意向和规划的认知构念，而忽略了情感构念的动机属性以及自动化过程的重要性（Ekkekakis, 2017）。Biddle 等人（2007）建议将锻炼行为理论分为五类。第一，信念-态度理论，关注的是行为意向的认知前提，即某人准备为实现目标行为而投入的努力，比如计划行为理论（Theory of planning behavior, TPB）。第二，能力基础理论，主要以自我效能构念为例，自我效能被定义为个人对他人组织和执行达到指定类型的表现所需的能力的判断。第三，控制基础理论，认为个人有体验自己作为行为的发起者和调节者的内在欲望或目标，比如自我决定理论将这种渴望归因于对自我决定的基本心理需求。第四，以跨理论模型为代表的阶段模型，将行为改变概念化为使一个人更接近所设想的目标的过程。第五，以健康行动过程取向理论为代表的混合模型，将阶段概念与动机变量相结合，从而预测意向，并添加了决策后变量（比如执行意向）。这些理论模型定义了研究中的变量，提供了变量之间的结构，描述了应该如何操作变量的假设，允许研究的复制和泛化，为假设的检验和证伪提供了对话框架。这些理论有各自的优点与缺点，没有哪一个理论能够全面且便于操作的对锻炼行为做出解释、预测，并能有效地采取干预措施（沈梦英等，2010）。

鉴于这些理论本身存在的一些不足和待改进之处，不少国内外研究者尝试将多种理论结合起来构建一个整合模型，以期提高模型对锻炼行为的解释、预测能力（冯玉娟和毛志雄，2014；Hagger & Chatzisarantis, 2014）。为了广泛地借鉴前人的研究，在理论上对体育锻炼习惯的形成过程和影响因素有深入的理解，本研究梳理了主要借鉴的相关理论基础，分为体育锻炼行为理论模型和习惯产生与形成的理论基础（褚昕宇等，2020）。

本章对相关研究基础进行了系统的梳理。从体育锻炼行为的相关理论模型开始，阐明体育锻炼行为的发生是体育锻炼习惯的起点。随后，在文中对在双系统理论和各理论模型中习惯产生过程的解释应用进行了阐述。国外对锻炼习惯的影响因素的相关研究中广泛提及社会心理变量、自我决定理论、自我调节策略、运动动机清单、社会特质焦虑等概念和研究内容，故本章在相关理论基础中对体育锻炼行为相关模型和身体活动的竞争控制、协调控制和交替控制等理论模型进行了梳理和论述，以期为后续研究起到借鉴的作用。

3.1 体育锻炼行为相关理论模型

对体育锻炼行为相关理论模型的梳理，有助于解释个体育锻炼行为习惯，提高个体体育锻炼水平，促进个体健康发展。在过去的几十年里，研究者在理解和预测个人行为方面取得了很大进展，诸如较常用的 Theory of planning behavior 计划行为理论（简称 TPB）、自我决定理论、自我效能理论和跨理论模型等具有深刻影响的体育锻炼行为理论模型（图 3-1）。这些理论模型定义了研究中的变量，概述了变量之间的结构，提出了变量之间应该如何操作的假设，允许研究的复制和泛化，并且为检验和证伪假设提供了研究框架。目前，以理性决策为基础的体育锻炼行为相关理论认为：人们只要意识到体育锻炼的益处，就会产生参与体育锻炼的意向和动机，促使其参加有规律的体育锻炼，从而形成体育锻炼习惯。（许昭和毛志雄，2015）

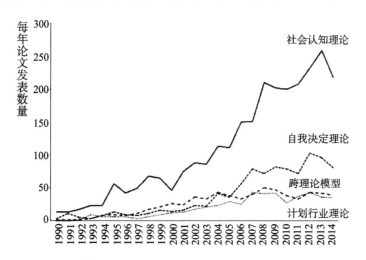

图 3-1 在 PsycINFO™ 数据库中，将关键词 "体育锻炼（Exercise）" 或 "身体活动（Physical activity）" 与标题或摘要中与社会认知理论、计划行为理论、跨理论模型和自我决定理论相关的关键词相结合得到的条目数（Ekkekakis & Zenko, 2016）

3.1.1 TPB

3.1.1.1 计划行为理论要义

计划行为理论的起始可以追溯到 1963 年，Fishbein 提出多属性态度理论（The Theory of Multi-attribute Attitude）。其核心的观点是，任何行为表现都是由行为意向和主观行为控制共同参与决定的。行为的意向是人们行动规划的基础，因此，人们的行为意向越强烈，参与行为越积极，行为越可能有成功。Ajzen（1991）发表的《计划行为理论》一文标志着该理论的成熟（图 3-2）。

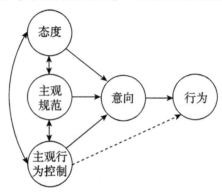

图 3-2　计划行为理论

计划行为理论中，行为对信息输入和理性处理的依赖是明确的：个人信念的总和是最终决定其态度、意图和行为的信息基础。因此，该方法把人看作一个本质上理性的有机体，人利用所掌握的信息做出判断，形成评价并做出决定（Fishbein & Ajzen, 1975）。信念一旦形成，就成为"认知的基础，在这个基础上，态度、主观规范、感知行为控制以及最终的意图，被假定以合理和一致的方式遵循"。

行为意向在健康行为的动机解释中占有重要的地位，在很大程度上是由于计划行为理论在运动与健康心理学中的盛行（Ajzen, 1991）。尽管行动意向毫无疑问地可以影响各种健康行为，但意向往往具有不稳定性，不一定能转化为人们所期望的行为。身体活动是一种重要的健康行为，也受到这种意向-行为之间联系的影响。这也是为什么人们经常设定体育锻炼目标，但是发现自己没有参与或没有坚持体育锻炼后会感到沮丧或失望。为了解决这种不稳定性的表达，增进健康行为长期稳定对身体活动的理解和控制，理论学家将意向与行为联系起来，并且提出了自主调节机制。

3.1.1.2 体育锻炼行为研究中的计划行为理论

　　TPB是一种用于预测健康相关行为的典型社会认知理论，它可能是体育锻炼与健康心理学研究领域里最著名的理论模型（Ajzen, 1991）。行为意向是人们行为计划的表征，也是人们参与行为动机的表达。因此，人们越积极地、正向地参与到这种行为中，就越有可能在这一行为中取得成功。主观行为控制映射了个人对自己执行某种行为的信心，经常被认为是自我效能感的同义词，但不同的是，主观行为控制是可以决定行为程度的，它显示了人们对行为的实际控制。而行为意向由三个独立的构念决定：态度（行为的正面和负面评价）、主观规范（感知执行行为的社会压力）和主观行为控制。目前，TPB仍是身体活动研究中的主导方法，然而考虑到框架的效率，研究者也强调快速、无意识的决定因素（习惯）在身体活动中的作用（Rebar et al., 2016）。

　　国内外体育领域关于计划行为理论的研究较多，在我国查阅到的具有代表性的有李京诚（1999）、段文婷和江光荣（2008）、汤国杰（2009）、沈梦英等人（2010）的研究。这些研究中，多以计划行为理论的核心观点作为研究内容，分别研究了不同年龄、体育锻炼项目、阶层和人群的体育锻炼行为以及体育锻炼意向、体育锻炼态度和主观行为之间的关系，并得出了相关性和趋势分析，为大众体育意识研究提供了一定的理论依据，并且为对特定人群体育行为的干预提供了新思路。

　　通过对体育锻炼领域中计划行为理论的应用的梳理发现，目前在研究体育锻炼习惯形成的过程中，都会涉及计划行为理论的模型。这说明学界对该理论较为认可，这也提示我们，在今后的研究中涉及体育锻炼习惯形成的解释时，可以运用计划行为理论来解释。近年来一些研究阐释了目标在体育锻炼习惯形成中的作用，并且已有一些研究应用目标理论和强化学习模型，这也将是计划行为理论与机制的进一步研究方向。

3.1.2 跨理论模型

　　体育锻炼习惯从意识变成行动，需要涉及的理论众多，这一理论模型可谓采众家之长，涵盖了行为变化的每一阶段，有利于分段解释体育锻炼习惯养成从意识到行动再到维持的变化过程。

3.1.2.1 跨理论模型要义

　　Prochaska于1979年提出了跨理论模型，其理论基础来源于心理治疗。在生活方式的研究中，跨理论模型展现了其理论的广泛性。1982 年，Prochaska 和 Diclimente 首次提出了阶段变化理论（The Transtheoretical Model, TTM），这一成果标志了跨理论模型的形成。TTM 是一个有意改变个人的决策能力的模型，而不是其他方法所尝试的对行为的微观和宏观的影响（Velicer et al., 1998; Scholl, 2002）。这个模型源于对 300 多种理论的系统整合心理治疗以及行为的主要理论分析改变（Prochaska & Velicer, 1997）。TTM 关键假设的主要结构，包括变化的阶段、过程变化、自我效能和决策平衡，将被详细检查（Patten et al., 2000; Prochaska & Velicer, 1997; Velicer et al., 1998; Scholl, 2002）。

变化的阶段通常用四个或五个项目来衡量（Prochaska et al., 1994）。Prochaska 和 Velicer（1997）发现，有一个普遍的经验法可以研究每个阶段的被试者的分布。在评估不同的健康行为时，一般发现 40% 的被试者会在思考前阶段，20% 的人分布在考虑准备中（Prochaska & Velicer, 1997）。变化的过程是 TTM 的第二个主要方面，描述了这些变化是如何发生的（Patten et al., 2000; Prochaska et al., 1992; Courneya & Bayduza, 2001）。五个阶段的理论在早期被使用，并被归类为经验过程，而后随着理论的发展，五个过程被归类为行为过程，并在后期使用，因此，跨理论模型也成为阶段变化理论，如图 3-3 所示（Patten et al., 2000; Velicer et al., 1998）。

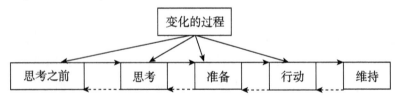

图 3-3　阶段变化理论显示改进体育锻炼行为阶段过程

3.1.2.2 体育锻炼行为研究中的跨理论模型

Jo-Hanna Planchard（2018）的研究根据跨理论模型确定了生理、心理相关的三类障碍及促进因素为体育锻炼行为的环境维度。研究表明，对于体育锻炼行为变化的所有阶段中心理和环境障碍的综合报道显著增加，在研究中，生理和心理的促进性报告较多，环境促进者较少。进一步的定性分析表明，分类随着练习阶段的变化而变化。

Gaby Ronda 等人（2001）的研究表明，近 60% 的受访者没有达到目前建议的体育活动促进健康的标准。这些被调查者中有一半处于思考前阶段，而那些没有达到建议的人中有 60% 高估了他们的身体活动水平。此外，与那些认为自己的体力活动水平较低的人相比，不知道自己体力活动水平不足的受访者增加体力活动水平的积极意愿较低，这也反映在冥想者中较高的自我体力活动水平上。总体而言，与思考、准备和行动阶段的受访者相比，思考前和维持阶段的受访者态度不积极，社会支持感较弱，自我效能预期较低（Gaby Ronda et al., 2001）。

Young-HoKim（2012）、Bradley 等人（2015）和尹博（2007）均运用跨理论模型对不同国家、地区、不同年龄段的人群作了体育锻炼行为相关的实证研究，在研究中体现了国家的文化差异、年龄和性别差异、人群的各阶段变化判定有效性与其对体育锻炼习惯影响的稳定性趋势，为该理论在体育锻炼行为领域的应用提供了理论支撑。

3.1.3 自我决定理论

3.1.3.1 自我决定理论要义

自我决定理论主要是通过实证和定量方法考察人的动机、需要、价值、自我实现等问题的理论（Deci & Ryan,1985）。自我决定理论（The Self-Determination Theory, SDT）通常被描述为"动机"和"人文"理论，与"认知"理论形成鲜明对比。Deci 和 Ryan（1985）认为，虽然"认知"理论假定行为是对未来结果的可能性和期望进行评估并从中进行选择的结果，但是自我决定理论认为，满足某些基本需求的欲望是驱动人类动机的"能量"。然而，除此之外，自我决定理论完全融入了认知主义的符号表征概念，人类"通过设定目标和选择他们认为能够实现这些目标的行为来努力满足自己的需求"（Deci, 1975）。因此，应该清楚的是，认知评估（如自主性、能力、亲缘关系）支撑着该理论的基本结构。比如 Deci（1975）在描述内在动机的概念时，承认他的方法侧重于"认知过程"。他写道，原因"很简单"："认知不仅影响态度和动机等内部状态，而且正如这项工作所显示的，个体根据他们对这些行为和其他行为的结果认知来选择从事什么行为。"（Deci, 1975）他在自我决定理论中嵌入了这样的假设：（1）"大多数行为是自愿的"；（2）"人们选择从事哪些行为"；（3）"这些选择是由于人们相信所选择的行为将导致他们达到预期的最终状态"（Deci, 1975）。

大多数 SDT 研究人员公开支持理性假设作为他们理论的基础。例如，根据 Helwig 和 McNeil（2011）的研究，SDT 中认为，人是理性的，他们会行使他们的自治和发展的权利，对他们的能力和与他人的关系进行自我决定。然而，Deci 和 Ryan 一直避免直接支持理性假设，这可能是由于这个术语与人类行为的经济模型相关联，该模型假定人类行为是为了最大化外部回报（如金钱）（eg.,Vansteenkiste et al., 2008）。

然而，对自我决定理论的进一步分析揭示了它对理性假设的依赖。在该理论的框架下，功能障碍动机系统是指从内在动机（最优形式的动机）向动机化转变的系统。这伴随着从"自我决定"的行为向更"自动"的行为的转变。这两种行为模式的区别在于有意识处理信息的存在（与不存在）："自主行为是基于有意识处理信息而选择的，而自动行为不是。"（Deci & Ryan，2000）自动行为是一种受刺激约束的冲动，比如吸烟、咬指甲和暴饮暴食，只要它们不处于意识状态，就会抗拒改变。因此，自动行为被描述为"无意识的"，而自主行为需要"更高的大脑功能"。Ryan 等人（1997）引用了古老的概念"失用症"（违背一个人更好的判断）来描述行为变得无意识的动机失败类型。

SDT 由因果取向理论、目标内容理论、认知评价理论、基本心理需求理论和组织整合理论（Ryan & Deci, 2002）等五个理论组成。这些理论通过以下几个方面，使我们对动机有了一定的认识：个体在动机倾向上的差异（因果取向理论）；个体努力实现的目标类型（目标内容理论）；影响动机的环境条件（认知评价理论）；个体与动机相关的心理需求（基本心理需求理论）；个体参与有趣活动和完善自我内在表征的内在倾向（组织整合理论）（Deci & Ryan, 2000, 2002）。

两个常用于检验身体活动行为的理论包括基本心理需求理论和组织整合理论。基本心理需求理论的核心宗旨是人类有一种内在的动力来满足三个基本的、普遍的需求。这些需求包括在环境中与他人经历有意义的联系（比如关联性），对自己的行为有选择和控制感（比如自主性），以及在完成任务时感到有能力和有效（比如胜任）。组织整合理论认为动机是连续的自我决定。其中，无动机是指缺乏动力执行行为（比如没有期望或动力运动），位于连续体的最底端；内部动机是指因其自身原因执行活动（比如运动，因为它是愉快的），位于连续体的另一端；第三种普遍形式的动机，即外部动机，位于连续体的两个端点之间，涉及参与一项活动以获得一些与活动本身分离的结果（Ryan et al., 2009）。四种类型的行为调节组成外部动机。外部动机中最不自我决定的形式是外部调节，其中行为受一些外部偶然性的控制。内向调节包括部分内化的行为，由情绪或自我认知控制。一种更自我决定的外部调节形式是确定调节，通过这种调节，一种行为被认为是有价值的和重要的。最自我决定的形式是综合调节，其中行为是自我意识的一部分。假设个体可以通过满足他们的关联性、自主性和能力需求来体验更高层次的自我决定（Deci & Ryan, 2000, 2002），那些动机由自己决定的人比动机由外部控制或完全无动机的人更有可能体验到更高水平的身体活动、健康和全部幸福感。

3.1.3.2 体育锻炼行为研究中的自我决定理论

身体活动与心理需求满足以及自我决定动机之间的假设关系已经在一系列人群中得到了证实（Teixeira et al., 2012）。关于动机调节的具体类型，Teixeira等人（2012）的一项系统回顾表明，自主性更强的动机形式始终与身体活动行为相关，而受控的调节形式则与之无关。有趣的是，研究人员还发现，确定的调节比内在动机更能预测短期的体育活动，而内在动机更能预测长期的运动坚持。在这三种心理需求中，能力被发现是最常被检查和对身体活动的积极预测因子（Teixeira et al., 2012）。关于体育活动和自主性之间的关系，有很多混合模型的研究发现，体育活动和很多行为模型之间往往没有关联。应该认识到，后一项发现可能是由于体育活动对许多人来说是一种单独的行为。因此，在群体运动环境中，亲缘关系可能更相关——事实上，在这些群体环境中，许多初步研究表明，亲缘关系与体育活动之间存在着积极的关系（比如体育课的参与、课外体育活动的意愿）。

实验研究也发现，基于SDT的干预可以增加身体活动。例如，Fortier等人（2007）研究发现，在3个月内接受自主支持的体育活动咨询的个体中，体育活动行为次数要比在开始前只接受过简短咨询的个体更多。此外，研究表明，团队体育锻炼的领导者可以通过需求支持型沟通方式得到有效的培训，从而提高团队成员的一系列成果。比如Cheon等人（2012）研究了基于SDT的体育教师干预对一系列学生的影响。他们发现，与没有接受教师干预的学生相比，实验条件下的学生表现出更高水平的自我决定动机、课堂参与、技能发展、对未来活动的意图和学术成就；此外，干预对这些结果的影响是由心理需求满足的增加所介导的。综上所述，该研究表明，SDT不仅为解释体育活动行为提供了一个可行的框架，而且还可以用于指导运动干预计划。

我国学者项明强（2013）的研究表明，自主性支持对青少年体育锻炼和主观活力均有正向的预测作用。他认为青少年寻找体育锻炼的内在动力，通过情感或行为激发和培养内部动机，从而形成体育锻炼习惯。由此我们可以认为，自我决定理论的理论模型可以在体育锻炼习惯的产生阶段（即体育锻炼习惯的意愿形成阶段）发挥作用。

3.1.4 社会认知理论

3.1.4.1 社会认知理论要义

1986年，Bandura提出了在心理学史上意义深远的社会认知理论（Social Cognitive Theory，SCT）。Bandura（1986）提出，人们在受到社会和建筑环境的影响并做出反应的同时，也能够并经常通过生成想象和交流进行前瞻性思考、自我调节、自我反思、替代性学习和创新。这些先进的人类能力塑造了后续的心理过程，并表明了可行的干预目标。在本书的背景下，这涉及促进在体育中采用和维持增进健康的体育活动以及以成绩为导向的行为。一个代表性的SCT因果模型见图3-4，其中自我效能被假定通过其他中介过程直接或间接地影响人类行为，包括结果预期、社会结构因素和目标（Bandura, 1997, 1998, 2004）。

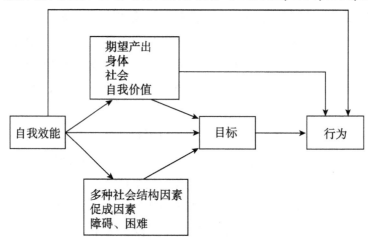

图3-4　社会认知理论影响行为的结构路径（Bandura, 2004）

Bandura（1977a, 1997）认为效能信念是人类代理的关键，自我效能理论（Self-Efficacy Theory）是SCT的主要子理论，它本身就解释了这些效能信念的结构和因果根源。在结构方面，自我效能信念因其水平、强度和普遍性而异（Bandura, 1997）。人们经常被要求执行不同难度（从简单到困难）或复杂程度（从简单到复杂）的任务，在做的过程中形成了在不同级别上执行这些任务的信念。信念的强度与一个人在某一特定水平上能力的确定性相对应，这种能力可能从高度自信到非常低的自信不等。最后，普遍性是指效能信念从一个情境或领域推广到另一个领域的程度。例如，某些类型的效能信念可能会从一个环境转移到另一个（如从风帆冲浪自信转移到滑板自信），而对另一些人来说，尤其是技能或者能力高度不一致的人，他们的信念可能不会轻易转移，尤其是在对自身的技能和能力认知方面，但给定任务的技能或能力可能和固有信念之间存在差异（例如，有信心下棋和有信心玩一种乐器之间就存在效能信念的差距）。

SCT的一个主要贡献是它提供了一个简洁的人类行为概念模型，其中包括可测试的假设。例如，自我效能信念在一定程度上影响运动行为（Moritz et al., 2000）和体育锻炼依从性行为（Bauman et al., 2012）。众多的研究表明，人们在运动和体育锻炼注意和学习的发展中，自我效能理论对信念的影响程度被广泛认同，另外在对上述行为的预测中，自我效能感与行为有因果关系的体现。由于大量的观察和实验研究支持这些先验关系，值得注意的是，这项工作已被广泛地翻译为通用的理论并应用于各种实践。

在身体活动领域，这些理论在全球指导着教学实践活动设置，早期是认知动员的成就模型建构，在运动领域则是通过自我效能感和成就动机促进大众身体活动从而促进健康（Craig et al., 2015; Leavy et al., 2014; World Health Organization, 2009）。总之，SCT代表了一个理论框架，它的许多原则都得到了经验上的支持，并且代表了一个在广泛基础上支持认知和行为变化的实用基础。

3.1.4.2 体育锻炼行为研究中的社会认知理论

"社会认知理论是以个体能够主动地参与自己的发展并通过自己的行动来实现目标这一观点为基础的。"（Bandura, 2004）SCT在心理学领域尤其是运动和体育锻炼心理学领域留下了不可磨灭的印记和广泛的影响。应该强调的是，许多突出人类成就和健康行为的理论在体育运动心理学中被运用（Bandura, 1998），包括理论计划行为（Ajzen, 1991）、健康行动过程方法（Schwarzer, 2008）、目标设定理论（Locke & Latham, 2002）和保护动机理论（Rogers, 1983）。此外，在体力活动领域进行的研究强调了功效信念的重要性。例如，在著名的系统综述论文中，Bauman等人（2012）发现自我效能感是跨年龄阶段研究中与身体活动行为的决定因素最一致的相关因素之一。在解释体育锻炼习惯形成的过程中，对于奖励的解释最恰当的便是自我效能理论，因为自我效能是动机产生的源泉，是人们对于体育锻炼行为的主观驱动力。王坤等人（2011）在研究中就应用了自我效能问卷，将自我效能作为大学生体育锻炼习惯产生的校标之一。

3.2 习惯的双系统理论

3.2.1 双系统理论——目标与习惯

习惯科学的研究提供了 James（1890）所要求的定义，颠覆了行为学家的简单刺激－应答联系的概念，并将习惯置于更广泛的目标定向行为的模型中。习惯反映了联想学习和程序记忆中情景－应答联系的形成。一旦习惯形成，对情景的感知就会自动地将反应带到头脑中，人们经常会做出这种反应。随着习惯的增强，它们逐渐独立于其结果的激励价值，神经活动从联想转向感觉运动皮层－纹状体脑区。当在一个序列中重复时，习惯化反应也可能作为一个单元被聚集在一起并被激活。简言之，我们的阐述为理解、预测和改变日常生活中的共同组成部分提供了一个框架，在这个框架下，行为控制被外置于与过去表现相一致的情景线索上。

尽管习惯基本上对目标结构与价值的变化不敏感，但它们以三种不同的方式与刻意追求的目标相互作用。第一，习惯在日常生活中形成，人们通过在特定的表现环境中重复行动来追求目标。最初，目标与陈述性任务知识构建行为。通过重复，程序学习系统获得了反应和相关的情景线索。目标还可能通过提高对某些刺激的关注和确定行动结果的价值来促进习惯的形成。鉴于目标定向和习惯化行为之间的神经环路存在着大量的直接与间接联系，目标可能对习惯的形成有着偏离的影响（Doll et al., 2012）。习惯系统与更审慎的行动控制之间的交流，特别是在习惯形成的过程中，是符合进化历史的，支持更复杂的规划能力的神经系统是在与习惯相关的神经机制之上进化而来的。第二，目标与习惯之间的交界还出现在习惯形成之后。也就是说，习惯提供了一种有效的基线反应，只有在必要时或者当人们特别有动力并且能够根据特定的情况做出反应时，才能与更努力的目标追求结合在一起。目标与习惯结合的第三种方式是通过人们为自己的习惯产生的解释。因为习惯暗示是无法内省的，人们必须推断出这种反应的原因。重复行为的一个看似合理的推论是强烈的、一致的潜在动机和目标。

双系统模型对于身体活动的解释各有侧重，目标和习惯的整合是双系统理论的核心要义（褚昕宇等，2020）。首先，身体活动与习惯养成模型（1997）和身体活动整合行为改变（The Integrated Behavioral Change, IBC）模型（2014）

更多的是基于TPB的改良方法。其中，身体活动与习惯养成模型通过引入对过往体育锻炼体验的记忆因素，使模型具备了启发式决策能力，能够从关于以往决策的记忆中检索曾经得出的结论和做过的决定并用以快速决策。而IBC模型整合了TPB、自我决定理论、两阶段模型和双系统模型的主要特点，试图通过整合弥补早期理论模型的不足。其次，随着研究者在解释身体活动中更多地引入快速、无意识的习惯决定因素，习惯理论模型（2016）和强调自动情感评价作用的身体活动双系统模型（2017）应运而生。习惯理论模型强调了习惯与目标系统之间的交互，而自动情感评价因素的提出可以更好地解释复杂身体活动中的情感产生过程。两个模型的共同之处在于都强调了情境线索是通过自动化过程影响身体活动的，这不仅在体育环境与个人体育锻炼习惯的养成之间构建了一条合理的路径，也为改变不良生活方式（例如久坐）的干预策略设计提供了新的目标（张加林等，2017; Marteau et al., 2012）。最后，身体活动熟虑－冲动双系统（2010）和层次双系统模型（2018）的提出，为习惯与目标双系统在复杂的身体活动过程中执行有序控制提供了更合理的解释。相较于熟虑－冲动双系统的竞争控制，身体活动更可能是一种层次化的复杂行动组合。人的大脑内存在两种思维，一种是快速且直观的，另一种是缓慢而深思熟虑的（Kahneman, 2011）。并且，动物损伤实验证实大脑内确实存在习惯与目标定向两个系统（董晨杰等，2018）。

有研究者用系统评述与元分析方法研究表明，身体活动亦属于由自动化过程（习惯）和目标定向控制过程（意向）共同调控的双加工理论范畴（Gardner et al., 2011; Rebar et al., 2016）。Rebar等人（2016）发现，在37项关于体育锻炼习惯的研究中，有70%的研究显示自我报告测量的习惯与体育锻炼行为之间存在显著的正相关。这两篇评述都得出了一致的结论，即习惯与体育锻炼行为之间通常是中等或较高的关联强度（r = 0.43, Gardner et al., 2011; r = 0.32, Rebar et al., 2016）。另外，在同时测试习惯和其他动机（比如意向、主观行为控制、态度）对体育锻炼行为影响的15项研究中，除两项研究外，其他研究中均发现习惯与体育锻炼行为之间存在正相关，并具有统计学意义（Rebar et al., 2016）。

尽管以理性决策为基础的健康行为理论目前仍是干预身体活动研究领域的主导方法，然而考虑到路径的效率问题，研究者也逐步开始强调快速、自动和无意识因素（自动化）在身体活动中的重要作用。鉴于此，研究者认为对身体活动的双系统模型研究需要涵盖两个方面的问题。首先，如何合理构建身体活动双系统模型中的习惯系统和目标系统，即模型的构建问题。其次，如何有效控制身体活动双系统模型中的习惯系统和目标系统，即模型的控制问题（褚昕宇等，2020）。

3.2.2 双系统模型的建构

3.2.2.1 自发路径

Hagger和Chatzisarantis（2014）提出的IBC模型（图3-5），描述了来自多种理论的动机和心理构建对影响参与身体活动的熟虑（反思）和自发（冲动）路径。其中，熟虑路径是由自我决定理论的自主动机对身体活动的远端效应构成，这些远端效应是通过TPB（态度、主观规范、主观行为控制、意向）构建的。自发路径包括内隐态度和内隐动机对身体活动的直接影响。Calitri等人（2009）的研究表明，当控制由自我报告测量的外显态度时，对身体活动的积极内隐态度与身体活动参与水平呈显著相关。而Keatley等人（2012）研究了内隐动机对身体活动的影响，提出自主和控制形式的动机可以在外显和内隐两个层次运行，且内隐动机和外显动机对身体活动均有显著的特定影响。其中，外显动机对身体活动参与的影响是由意向介导的，而内隐动机的影响是直接的、非中介的，这也表明内隐动机反映自发路径对身体活动的影响。此外，意向－行为的关系建议通过行动规划进行调节，描述为一条指向意向和体育锻炼行为之间的虚线路径。构念之间的虚线表明建议的直接效应相对于间接效应是非显著或非实质性的。其他非显著的直接效应包括态度、主观规范和主观行为控制对体育锻炼行为的影响（褚昕宇等，2020）。

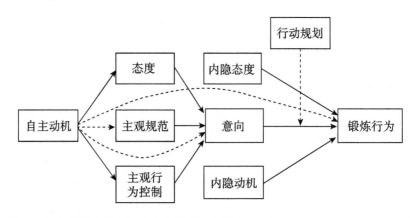

图 3-5 身体活动整合行为改变模型示意图（Hagger & Chatzisarantis, 2014）

在IBC模型中，TPB的构念取代了自我决定理论的调控概念，同时该模型也使用了阶段性结构（动机性、意志性），并考虑了对身体活动进行熟虑和内隐决定因素的作用，而这正是早期体育锻炼行为理论的不足之处。然而IBC模型仍有一些方面需要进一步改进（Rhodes，2014）。例如，IBC模型可能缺乏对身体活动中情感方面的考虑。自我决定理论的内部调控结构在IBC模型中被省略，这个结构相较于TPB中的一般态度结构可以更好地包含情感领域。此外，IBC模型没有提及社会生态情境的作用，而且与熟虑路径相比较，该模型中对于自发路径的构建显得相对简单（褚昕宇等，2020）。

3.2.2.2 情境线索与体育锻炼习惯

与身体活动的IBC模型中略显简单的自发路径相比较而言，Wood和Rünger（2016）提出的习惯理论模型认为情境线索（Context Cues）是通过激活相应的记忆表征来诱导习惯应答的（图3-6）。随着时间的推移，如果行为是在具有类似线索的环境中进行的，那么可以假设一种习惯会引发一种提示行动（Cue-to-action），取代对该行为的熟虑和以目标为基础的决策。从双系统模型的角度来看，这种习惯应答被认为是更为有效的默认，因为注意力和努力可以被释放到其他需要关注的方面。只有当系统中出现值得注意的变化（比如移除的线索、精神状态的改变），才会使注意力回到更加有意识和熟虑的系统（褚昕宇等，2020）。

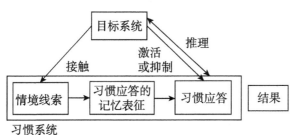

图3-6　习惯与熟虑目标追求的三种交互方式示意图（Wood & Rünger, 2016）

而体育锻炼习惯作为一种健康的生活方式，也适用于习惯理论模型。首先，锻炼目标（比如减肥、健身）最开始通过激励人们进行反复的体育锻炼实践，促使人们反复接触体育锻炼情境，诱导个人体育锻炼习惯的形成。体育锻炼习惯一旦形成，情境线索（比如体育锻炼场景、其他体育锻炼者和先前的体育锻炼体验）会自动激活记忆中的习惯表征（比如体育锻炼强度、时间与频率）。例如，Neal等人（2012）发现，当那些具有更强烈跑步习惯的体育锻炼者接触到与其经常跑步的情境相关的词语（比如运动场所名称）时，就会自动联想到跑步。另外，针对定期参与体育锻炼者的研究发现，大约90%的人会受到一个特定的体育锻炼场景或时间的线索提示，并且日常通过特定场景提示进行体育锻炼的人的体育锻炼习惯应答会更为突出（Tappe & Glanz, 2013）。当经常去校园体育馆的学生们偶然接触到体育馆的场景时，由于习惯了这种情况，他们会主动地提高自己说话的音量（Neal et al., 2012）。

人们不仅会关注自己已经形成的体育锻炼习惯，还会关注自己的体育锻炼目标。这样，除非体育锻炼者有足够的动机根据当前的情况调整体育锻炼行为，否则体育锻炼习惯就会成为一种默认的应答方式。例如，当体育锻炼者参加身体活动的意向比平时要弱的时候，他们会依靠体育锻炼习惯，将体育锻炼只进行到习惯的运动强度（Rebar et al., 2016）。进一步研究发现，行动规划增加了体育锻炼习惯相对较弱者的身体活动水平，但是与没有制定行动规划的体育锻炼者相比，行动规划会减少具有强烈体育锻炼习惯者的身体活动水平（Maher & Conroy, 2015）。此外，中等强度的习惯会自动受到目标的影响，产生一个习惯强度与现实目标交互关系的U型曲线（Neal et al., 2012）。很多有跑步习惯的体育锻炼者强烈地认同并推测他们的跑步活动受到自身目标的影响。如果在适当情境下，只有当习惯是在中等强度时才会被目标激活。一旦习惯很强烈，目标几乎没有作用，并且无论当前目标如何，情境线索依然可以激活习惯应答。最后，人们会依据自身的体育锻炼行为来推理他们的体育锻炼目标（褚昕宇等，2020）。

3.2.2.3 情境线索、自动情感评估与身体活动

Conroy和Berry（2017）提出强调自动情感评估（Automatic Affective Evaluations）作用的身体活动双加工模型，认为愉快的情感过程提供了内部奖励来激励身体活动（近端效应）。并且，个体对身体活动的自动情感评估（本能反应）不同于熟虑态度，但二者可能重叠。对身体活动进行更为积极的自动情感评估的个体会更活跃。对身体活动的自动情感评估反映了当身体活动的概念在一个人的头脑中被激活时，迅速而不自觉产生的情感体验，它们是随时间的推移和通过身体活动的体验而习得的关联。在情感和健康行为框架的背景下，自动情感评估类似于一种被称为内隐态度的自动情感处理方式，反映了对身体活动的即刻情感评价，并且可从对身体活动的直接或替代体验中获得（比如在身体活动中观察他人时所唤醒的情感；Williams & Evans, 2014）。与熟虑的情感联想不同，自动情感评估可以快速、不费力地进行，不需要有意识的处理或精细

化，既可以影响自动动机（比如无意识地促进目标追求），也可以影响熟虑情感过程（比如情感预期或情感态度；Kiviniemi et al., 2007）。

图 3-7 总结了在双加工框架内将情境线索、自动情感评估与身体活动联系起来的概念模型，可以更好地解释情感启发下的复杂体育锻炼行为。这里系统 2 借鉴了 TPB 是为了强调态度在两个系统中的作用。随着时间的推移，经验不断积累，人们根据身体活动的概念和不同的情感体验之间的特殊联系来创造记忆，这些记忆的特征是组成联想的效价和强度。当一个人接触到激活身体活动概念的线索时，相关的记忆被激活，这种激活方式可以扩散到网络中密切相关的节点（比如特征情感体验）。实际上，在没有必要经历明显的快乐或不快乐的情况下，可能会产生一种直觉，使得天平偏向或者偏离身体活动。因此，对身体活动的自动情感评估可能会产生一种冲动，提高暂时不活跃的个体参与体育锻炼的可能性。

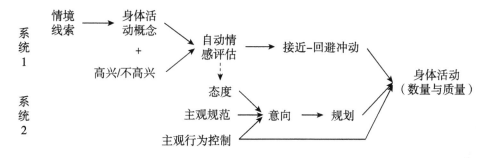

图 3-7　突出自动情感评估作用的身体活动双加工概念模型（Conroy & Berry, 2017）

综上所述，在模型的构建方面，IBC 模型（2014）通过整合 TPB、自我决定理论、两阶段模型和双加工模型的主要特点，试图弥补早期理论模型的不足。习惯理论模型（2016）强调情境线索是通过自动过程（习惯）影响身体活动的，在体育环境与个人体育锻炼习惯的养成之间构建了一条合理的路径，为改变不良生活方式的干预策略设计提供了新的目标。而突出自动情感评估作用的身体活动双加工模型（2017），更是将自动情感评估与情境线索、身体活动联系起来，可以更好地解释情感启发下的复杂体育锻炼行为（褚昕宇等，2020）。

3.2.3　双系统模型的控制

3.2.3.1　竞争控制

Strack 等人（2004）提出了关于社会行为的熟虑－冲动模型（The Reflective-

Impulsive Model, RIM）。模型假定信息在两个不同的系统中运行并行加工，经过多渠道相互联系。熟虑系统通过"行为的选择形成启动行为、计划行为意向，引导实施行为"的路径作用；冲动系统通过"从知觉到刺激激发冲动系统网络中更多组分，激活行为模式"的路径作用。（许昭和毛志雄，2015）。这里冲动和熟虑系统之间的相互作用被描述为对外显反应控制的一种竞争机制。冲动系统被认为是一个经验至上的系统，在这个系统中，自动思考和感觉通过激活习得的联想而自发产生。在这种情况下，通过对信念和知识的权衡，可以在熟虑系统中形成一个意向，并在冲动系统中激活一个合适的行为模式。由于熟虑系统和冲动系统的独立过程，两种行为模式可以同时被激活，而这些模式可能是一致的或有分歧的。当不同的行为模式被激活而自我调节资源被耗尽时，来自冲动系统的模式可能会占上风，并通过行为表达出来。相反，当自我调节资源可用时，熟虑操作是可能的，从而使熟虑系统能够控制外显行为。

Bluemke等人（2010）以跑步为例分析了两个系统的执行（图3-8）。此外，许昭等人（2015）构建了包括10个变量的熟虑系统和1个变量的冲动系统的身体活动RIM模型。他们对模型进行验证发现，双系统对身体活动的影响受行为习惯性（有无规律运动训练经历）的调节，行为习惯性越强，冲动作用越小，反之越大；另外，还受意志品质（执行熟虑系统的能力）的调节，意志品质越高，熟虑系统对身体活动的影响越大，反之冲动系统的作用更大。他们认为身体活动（体育锻炼行为）是由两个系统共同决定的。

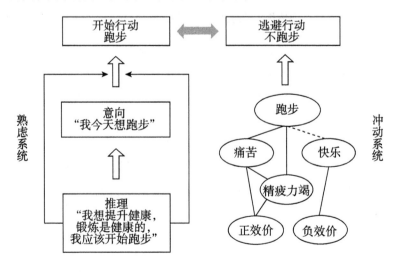

图3-8 竞争的行为倾向示意图（Bluemke et al., 2010）

3.2.3.2 协调控制

Arts等人（1997）提出的身体活动与习惯养成模型，将主要涉及对过往体育锻炼体验记忆的认知过程（对体育锻炼习惯决定因素的认识）整合到一个体育锻炼习惯养成模型中（图3-9）。他们认为该模型只是包括社会-人口、生物和遗传因素的一般模式中的一部分，强调了影响身体活动的心理因素（近端效应）。身体活动与习惯养成模型假设体育锻炼的开始在很大程度上是由深思熟虑的决策确定的，比如态度、感知社会规范、行为控制和运动经验（图3-9上半部分描述了起始的熟虑决策过程）；随着不断的重复和更多的练习，体育锻炼的基本决策过程逐步从通过启发式的决策转变为自动化决策过程，最终形成一种习惯，不再需要理性思考的指导（图3-9左下角的粗体箭头表示习惯养成过程的反馈循环）。

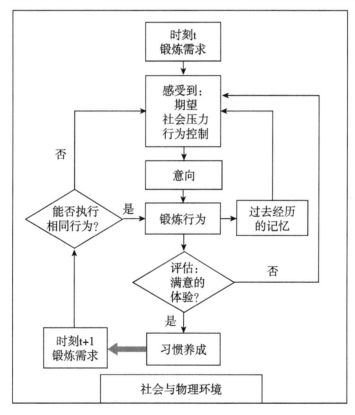

图3-9　身体活动与习惯养成模型（Arts et al.,1997）

然而理性行为和习惯可以看作一个统一体的两端。在目标定向行为既不完全是自动的也不完全是经过熟虑结果的情况下，决策者可以使用类似于启发式决策的方法来进行选择。这种启发式的决策过程可以设想为一种认知捷径，比如不仔细检查所有执行行为的后果，而是迅速思考行为的最突出优势，以明确它的可取性，或简单地确认能否执行相同的行为。因此随着锻炼次数的增加，熟虑的决策过程可能会受到对过去行为经历的记忆诱导，逐步转变为更具启发性的过程（认知捷径的发展）。而一旦这些结果储存在记忆之中，并能够很容易从记忆中检索出来，就不再需要反复思考。可以认为，启发式处理的核心特征是从记忆中检索在过去的决策过程中做出的决定和得出的结论用于线索提示。而在身体活动与习惯养成模型中，这种行为学习表现为对过去行为和对记忆的反馈以及运动事件的记忆对于感知的影响（褚昕宇等，2020）。

3.2.3.3 交替控制

身体活动并不是一种简单的行为，而是由许多子行动（Sub-actions）组成的各种复杂行为的描述（Rhodes & Rebar, 2018）。虽然习惯与熟虑的动机可能是一种全或无的现象（即一种影响只能解释某一时刻的行为），但这并不一定适用于长时间（30分钟以上）的身体活动。Gardner等人（2016）基于Cooper和Shallice（2006）的理论，从行动-阶段的角度概述了这一过程，认为像身体活动这样的复杂行为是分层描述每个行动的，这些行动是由较低层次的子行动所组成的。这种理解身体活动的方式允许各种行动序列分块（Chunked）为自动调节的行为（Graybiel, 2008）。如图3-10所示，一个刚开始跑步的体育锻炼新手先需要仔细考虑身体活动的各个方面，从准备决策（如时间、服装等的选择）到执行方面（如路线、跑步速度、节奏和风格）。随着时间的推移，通过简单的子行动（如跑步风格）的技能获取，或更高层次决策与行动的习惯形成，这些方面中的一部分可能会变得自动化（如前往目的地，决定要做的活动）。随后，当体育锻炼者形成将前一个子行动的结束与下一个子行动的开始相关联的记忆时，每个子行动将不再需要思考，而是根据情境触发的接近倾向自动提示行动。

| 打包
运动服 | 驾车到
目的地 | 更换
运动服 | 开始
身体活动 | 进行身体活动 |

☐ 行动间熟虑转移

■ 子行动间自动转移

图3-10　熟虑与习惯促进身体活动间的建议转移（Rhodes & Rebar, 2018）

采用这种方法来理解体育锻炼习惯的形成需要识别行为序列的关键方面。考虑到体育锻炼决策（做出参与体育锻炼的决定）是产生体育锻炼行为的重要因素，Verplanken 和 Melkevik（2008）提出了一种更加可行的方法，即在体育锻炼的启动阶段测量习惯。随后 Gardner 等人（Gardner et al., 2016）提出启动/选择阶段（决定采取行动）与执行阶段（后续的有序行动）可能是概念化复杂身体活动序列的有效方法。此外，Kaushal 等人（2017）也认为准备阶段（体育锻炼前的行为和启动）与执行阶段可能是理解个人体育锻炼习惯的有效办法。虽然启动与执行阶段都可能成为习惯，但启动阶段对于理解有规律的身体活动可能更为重要，因为它代表了先前的决策过程。相比之下，执行阶段可以解释身体活动的持续时间或努力程度，但似乎不能解释身体活动被反复选择和启动的原因（Gardner et al., 2016）。因此，上述研究表明，启动阶段可能是身体活动参与频率的主导预测因子。

综上所述，在模型的控制方面，上述三个模型所提出的竞争、协调和交替控制的原则，为目标系统与习惯系统在复杂身体活动中执行有序控制提供了合理的解释。相较于竞争控制，身体活动更可能是一种相互协作的形式或交替的复杂行动组合。交替控制可以看作是一种阶段性改变的过程，即依据阶段变化反复进行熟虑与自动的转移（褚昕宇等，2020）。

3.3　本章小结

对体育锻炼习惯的决定因素进行文献回顾，计划行为理论、自我决定理论在体育锻炼习惯养成的目标系统建构方面发挥作用；社会认知理论结合了体育锻炼习惯形成过程中的社会、生物、遗传等概念，是体育锻炼习惯的心理过程从意愿转化为行动的基础理论解释；跨理论模型是体育锻炼习惯的保持和改变过程中的有效理论解释；新习惯形成和奖励消失后体育锻炼习惯的保持和养成习惯的阻碍也是本研究需要的理论基础。习惯养成的模型是前人在研究习惯产生的过程中形成的较为成熟的理论模型，在解释体育锻炼习惯形成因素的过程中有着非常重要的作用。另外，国外对促进体育锻炼习惯的影响因素的研究认为个体对健康和自我的感知包括以下五个因素：人口统计学变量，如年龄、性别和种族；社会心理变量，如社会阶层；对疾病的了解；感知威胁疾病；行动线索。由前人研究可知，阻碍参加团体锻炼计划的因素有四个类别：性别障碍、环境障碍、项目干预障碍和基于个人的障碍。

　　纵观有关体育锻炼习惯产生原因的理论基础，首先，科学家们普遍认为锻炼行为的起点是计划、目标和对锻炼的认知，而后，随着社会认知主义学派的发展，动机和决策的研究不断深入，研究者们发现体育锻炼行为存在着习惯和目标两个系统，并且两个系统相互结合，形成了双系统的理论（褚昕宇等，2020）。我们在对于体育锻炼习惯的研究中，应广泛借鉴心理学家们对于习惯的研究，充分考虑习惯和目标双系统的存在，用于解释青少年体育锻炼习惯养成的过程，本书后续的研究关注了体育锻炼习惯影响因素的作用机制，其中对个人机制的论述借鉴了本章身体活动与习惯养成模型的论述。体育锻炼行为是产生体育锻炼习惯的关键进程，在体育锻炼习惯养成的过程中，理论模型中的动机、目标、熟虑、自动化过程的解释对于研究体育锻炼习惯的养成过程有着重要的作用。

4　青少年体育锻炼习惯现状调查与访谈

体育锻炼行为是在意识和观念指导下的行动，这种行动可以是一次性的，也可以是多次的。体育锻炼的开始是有意识的行为，经过多次重复形成了自动化的、无意识的行为，被认为是体育锻炼习惯。体育锻炼习惯是受到影响因素的外在干预引导的重复的、无意识的体育锻炼行为。前文的文献中认为体育锻炼意识对体育锻炼行为的指导是过程化的，而体育锻炼习惯是体育锻炼行为形成的结果。国际体力活动问卷调查是对七天内体育锻炼行为的回顾，本书通过对青少年的体育锻炼行为研究来推断体育锻炼习惯的养成过程。自我报告习惯指数量表是 Verplanken 和 Orbell（2003）提出的，量表关注体育锻炼行为的重复、自动性以及与自我认同的相关性，被认为是研究体育锻炼习惯较成熟的工具。因此，笔者对体育锻炼习惯研究的最初，选择了国际体力活动问卷和自我报告习惯指数量表来研究由体育锻炼行为发展而来的体育锻炼习惯。另外，结合问卷的调查结果，笔者对青少年进行了访谈，以期对青少年锻炼习惯的现状有充分的了解，为后续青少年锻炼习惯影响因素的研究奠定研究基础。

4.1　现状调查与访谈的意义

青少年处于发育及成长的关键时期。众多研究表明，经常参加体育活动能够给青少年带来身体的、心理的和社会方面的健康益处；能够帮助青少年形成和保持健康的骨骼、肌肉与关节，有助于控制体重、降低体脂肪含量、提高心肺功能；还有助于提高运动技能，预防和控制焦虑和压抑的心理。参加体育活动还能够给青少年提供自我表现的机会，培养他们的自信心与成就感以及学习团结和公平竞争的精神。这些体育锻炼效果还有助于预防青少年在日常生活中由于苛求、竞争、紧张及懒惰的生活方式带来的危险和损害。适当参加有指导的体育活动，有助于青少年改掉吸烟、酗酒等行为。一个人在青少年阶段形成的体育生活方式更有可能在其一生中保持下来，从而形成健康的生活方式。在青少年阶段形成的不健康的生活方式，包括懒惰的生活方式、不良习惯等，也可能一直延续到成年阶段。

因此，本章经过文献的梳理和综述后制定研究方案，拟通过国际体力活动问卷和自我报告习惯指数量表的调查，了解青少年体育锻炼习惯养成现状，为青少年体育锻炼习惯养成的影响因素模型及其作用机制研究奠定基础。

4.2 研究工具的选择与问卷的发放

4.2.1 国际体力活动问卷

国际体力活动问卷（International Physical Activity Questionnaire, IPAQ）由国际体力活动测量工作组编制，1998—1999 年，其英文版本发源于日内瓦，经历了 20 多个国家 14 个地区大量的信效度测试，其结果具有较高的满意度。世界卫生组织向各国推荐这份问卷。这份问卷在国际上已有较为广泛的（15 岁至69 岁）使用，已广泛应用于国内的研究，并且经检验有较好的效度与信度。

笔者运用修订的国际体力活动问卷和自我报告习惯指数量表在网上制作电子版问卷并进行发放，对问卷的信度检测采用 Cronbach'S α 系数检验。经检验，Cronbach'S α 系数值为 0.899，这表明问卷修订后较为适当，具有稳定性，有较高信度，可以很好地反映真实情况。

笔者在研究中发现，运用国际体力活动问卷可以对各类人群进行生活方式和七天回顾的锻炼行为的研究，故选用本问卷对青少年研究对象进行包括"健康情形""身体活动量""认识自己的身体""我吃了哪些食物"以及相关体育锻炼参与的状况进行问卷调查，拟通过调查探索青少年体育锻炼的情况现状与体育锻炼习惯相关因素。

国际体力活动问卷分为四个部分。第一部分是对被试者健康情形的调查，主要了解身体健康情况、疾病和生活状况等情形，是初步的情况调查；第二部分是身体活动量调查，考查的是被试者在过去七天内进行的日常体力活动情况，其中包括剧烈运动时间、中等强度运动时间、轻微强度运动时间、坐着的时间、坐着做的事、睡眠的时间、体育课的时间、社团活动的时间、运动场所和参与体育锻炼的影响因素等；第三部分是"认识自己的身体"，是被试者对自己的体重、身材等情况的自我认知情况；第四部分为"我吃了哪些食物"，主要考查被试者七天内饮水、餐食等情况。本研究应用增加的关于七天内身体活动、学校体育生活和对于锻炼环境的感知等相关锻炼习惯的产生和阻碍的影响因素的问卷，对被试的青少年锻炼习惯现状进行了调查。

4.2.2 自我报告习惯指数量表（SRHI量表）

SRHI量表是一种国际通用的自我报告工具，用于评估习惯强度（Verplanken & Orbell，2003）。

SRHI由一个词干（行为X是某样东西）组成，后面是12个条目（Verplanken & Orbell, 2003）。词干可以指任何行为。研究人员可以根据需要选择将其表述为整体的或详细的，并且可以包括或不包括任何上下文信息（如"Y条件下的导电行为X是某种东西"）。这12个项目评估了习惯的各个方面，包括缺乏意识、意识意图、缺乏控制、效率和自我认同感。这些项目根据具体调研要求附有Likert反应量表（5点同意/不同意量表）。为了适应特定的行为或环境，本研究将问卷中的"X行为"规定为"参加体育锻炼行为"，在项目7中选择根据文献普遍认为的每周2～3次30分钟以上规律性体育锻炼行为作为体育锻炼习惯的描述内容。在检查量表的内部可靠时，本研究采用了Cronbach'S α系数。通过计算，本部分12项习惯量表的系数为0.961，是习惯强度评估较为准确可靠的工具。

4.2.3 问卷发放情况

2017年7月至11月，笔者纸质打印了国际体力活动问卷和SRHI量表，并在问卷星网上编制问卷。选取上海某大学、上海某学校、内蒙古某大学、（东北）某市第一中学（初中部、高中部）、（华南）某职业学院、（西南）某外语实验中学，对本研究主要研究对象（13岁至25岁的青少年群体）展开问卷调查。为保障问卷回收率，请被试的体育老师或任课老师予以收集。累计发放纸质问卷600份，回收588份，回收率98%。考虑到样本分布区域的局限性，通过互联网无差别发放问卷3个月，收集了有效问卷648份。调查期间合计回收1236份问卷。运用Excel 2010进行初步处理，后续用SPSS软件进行描述性统计分析，形成研究数据支撑研究结果。

4.3　国际体力活动问卷和自我报告习惯指数量表调查结果

根据调查结果，本章将问卷调查结果从"健康情形和生活方式""身体活动量""青少年健康意识""学校和课外体育活动""体育锻炼习惯和影响因素"五个部分进行讨论和分析。其中，包括健康情形、久坐、步行、乘车的情况，回顾七天内参加剧烈活动的天数和时间、参加中等强度锻炼的天数和时间以及体育课、体育社团的有效时间等问题。

4.3.1 健康情形和生活方式

4.3.1.1 健康情形自述

健康情形这部分主要包括睡眠、饮食、体检等因素。按照健康的标准，对被试进行问卷指导填写。

在对健康情形的调查中，青少年女生和男生被问及"你认为你的身体健康状况"时。22.73%的女生选择了"很好"，58.12%的女生选择了"好"，16.56%的女生选择了"一般"，2.27%的女生选择了"不太好"，仅有 0.32%的女生选择了"很不好"。33.12%的男生选择了"很好"，48.23%的男生选择了"好"，16.08%的男生选择了"一般"，1.93%的男生选择了"不好"，选择"很不好"的男生有 0.64%。

从获得的数据角度观测，青少年在对自己的健康情况进行表述时，男生和女生在自我健康情况表述方面无明显差异。大部分青少年认为自己的身体处在较为正常的健康水平，极少青少年选择"不太好"的选项，说明青少年对自己的身体情况较为自信。

在被问及是否有疾病时，2.78%的青少年回答说有高血压等心血管疾病，1.39%的青少年回答有糖尿病，1.93%的青少年自述有肢体受伤包括关节疼痛等症状。

在被问及用从 1 ～ 10 的数字描述生活状况时（图 4-1），青少年的回答平均值为 6.89，普遍认为生活情况较好，对生活状况有较好评价。

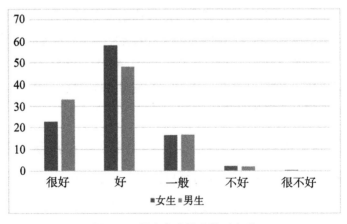

图 4-1 男生女生健康情形自述

随着社会经济的发展，我国居民的健康状况从整体上看有了显著的提高（胡小勇，2019）。本研究的调查也发现，目前青少年对于自己的身体健康情形的反馈是身体健康水平较高，对自己的生活状态也表现出了满意的态度。

4.3.1.2 睡眠情况

当青少年被问及近一个月睡眠质量如何题项时，青少年女生中回答"非常好"的为9.48%，男生回答"非常好"的为11.58%；女生回答"尚可"的为39.87%，男生为40.84%；女生回答"有些差"的为28.10%，男生为24.76%；女生回答"非常差"的为22.55%，男生为22.82%。

《2019中国青少年儿童睡眠指数白皮书》中的数据显示，我国6至17岁的青少年儿童中，超六成睡眠时间不足8小时，课业压力成为影响他们睡眠时间的第一因素。睡眠质量会直接影响青少年儿童的身心健康，睡眠质量差的孩子有36.5%会出现肥胖症，有40.5%会出现神经衰弱或抑郁。我国青少年儿童睡眠质量不容乐观。

从本部分调查中获得的数据可以看出，回答"尚可"的人数较多，而回答"非常好"的人较少，说明被调查的青少年在睡眠质量方面存在一定的问题。而这些问题在本部分调查中并没有显现，对于睡眠习惯和质量的问题不属于本研究的核心问题，只能推测睡眠问题可能是由于学业压力等情况引起，后续仍需要更多的研究予以佐证。但睡眠质量和精神状况的数据可以互相验证，说明目前青少年的睡眠质量值得社会、家长的关注。

4.3.1.3 步行情况

美国斯坦福大学的研究人员通过测量和记录全球规模的体育活动，得到一个包括111个国家、71万多人、6800万天的体育活动数据集（Althoff et al.，2017）。Althoff等人分析发现，在城市环境建设方面，例如城市的步行通过性（Walkability）与体育活动中减少性别差异以及体育活动的不平等问题有关。在更适宜步行的城市，体育活动在不同年龄、性别、体重指数分组的人群中增加，特别是女性活动增加的幅度最大。在青少年每天上学、放学的路上，一定有一段固定的时间是用于步行的，因此本研究对青少年的步行天数和时间进行了调查。

（1）七天内步行的天数

"你在过去七天中连续步行10分钟以上，曾经有多少天"这一问题界定了步行时间，包括上下学、外出的交通往返以及被试为了去玩、去运动时花在步行上的时间。女生中 51.30% 的人，男生中的 52.72% 选择了 7 天，男生和女生均选择 7 天的人数占总数的 52.02%，远远高于做出其他选择的被试人数，说明每天的步行可能是大多数青少年最常见的身体活动方式，大多数青少年每天都有持续 10 分钟以上的步行。

（2）七天内步行的时长

对于步行的时长做出的进一步的调查显示，选择步行时间长度较为集中在 11 ～ 20 分钟，21 ～ 30 分钟，31 ～ 40 分钟和 41 ～ 50 分钟，选择上述题项的被试人数的百分比分别为 18.51%、20.94%、17.05% 和 14.61%，这一结果说明青少年每天的步行时间集中在 10 分钟至 50 分钟之间，其中，21 ～ 30 分钟为多数人的选择。但是可以看到的是，还有 0.32% 和 3.24% 的被试选择 5 小时以上和不确定。

根据对步行情况进行的调查可以看出（图 4-2），青少年基本每周多数几天有步行的时间，选择 7 天的人数最多，说明步行可以被认为是青少年每天都能有的身体活动。但由于步行的时长不一，最多选择的是较为公认的可以被认定为形成锻炼习惯的 21 ～ 31 分钟时长，但是由于步行的强度在本调查中并未显示，故不能推断步行对于身体健康或者习惯形成现状的效果。但这也提示我们或许可以将一定强度的步行作为青少年锻炼习惯的一种方式。上海等地区均有健身步道的设计，可以满足居民身体锻炼的补充，是新兴的体育生活方式的契机。

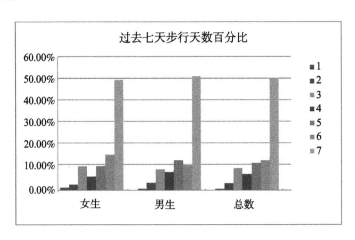

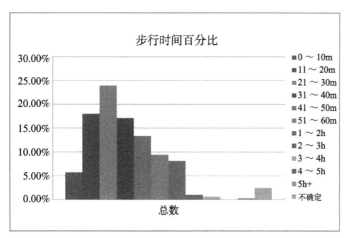

图 4-2 步行的天数和步行时间

4.3.1.4 久坐情况

（1）坐着的时间

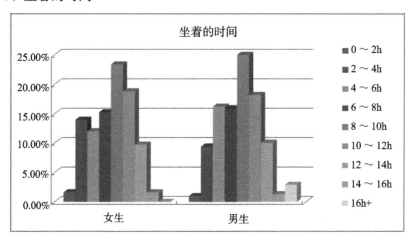

图 4-3 每天坐着的时间

以每天坐着的时间为问题，如图 4-3 所示，其中女生有 1.62% 选择 "2 小时以内"，而男生仅有 0.97% 选择 2 小时以内；"2～4 小时" 有 13.96% 的女生选择，9.42% 的男生选择；"4～6 小时" 有 12.41% 的女生选择，有 16.23% 的男生选择；分别有 15.26% 的女生和 15.91% 的男生选择 "6～8 小时"；"8～10 小时" 选择的人最多，有 26.38% 的女生选择，25.01% 的男生选择；"10～12 小时" 有 18.81% 的女生选择，有 18.18% 的男生选择；"12～14 小时" 有 9.74% 的女生选择，10.06% 的男生选择；"14～16 小时" 有 1.82% 的女生选择，1.30% 的男生选择；"16 小时以上" 没有女生选择，有 2.92% 的男生选择。从图

4-3 中可以看出，女生和男生中选择从图 4-3 中可以看出，女生和男生中选择 8 ～ 10 小时和 10 ～ 12 小时的人数较多，说明目前青少年每天坐着的时间普遍较长。考虑到平时青少年多为白天上学进行文化课学习，故坐着的时间较长可以理解，但是久坐仍然不容小觑，对久坐需要进一步研究，以期为更好地培养青少年锻炼习惯提供更多的理论支撑。

（2）坐着时主要做的事情

如图 4-4 所示，在被问及坐着时从事哪些事情时，青少年的回答主要集中在看电视、玩电脑和看书三个选项中。值得注意的是，坐车也成了一项坐着的主要事情，有 44.42% 的青少年选择每天有 1 小时内的时间坐车。研究者遗憾地发现，7.85% 的青少年选择玩电脑游戏或玩电动的时间为 8 ～ 9 小时。

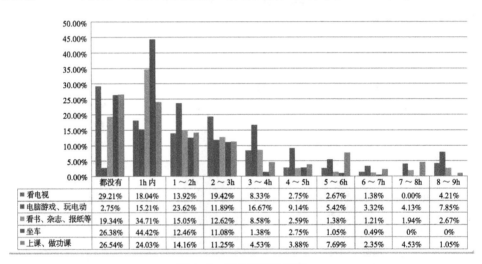

	都没有	1h 内	1 ～ 2h	2 ～ 3h	3 ～ 4h	4 ～ 5h	5 ～ 6h	6 ～ 7h	7 ～ 8h	8 ～ 9h
看电视	29.21%	18.04%	13.92%	19.42%	8.33%	2.75%	2.67%	1.38%	0.00%	4.21%
电脑游戏、玩电动	2.75%	15.21%	23.62%	11.89%	16.67%	9.14%	5.42%	3.32%	4.13%	7.85%
看书、杂志、报纸等	19.34%	34.71%	15.05%	12.62%	8.58%	2.59%	1.38%	1.21%	1.94%	2.67%
坐车	26.38%	44.42%	12.46%	11.08%	1.38%	2.75%	1.05%	0.49%	0%	0%
上课、做功课	26.54%	24.03%	14.16%	11.25%	4.53%	3.88%	7.69%	2.35%	4.53%	1.05%

图 4-4　每天坐着做的事

久坐行为（即坐着或躺着时低能量消耗的唤醒行为）是健康风险因素之一，即使在控制体育活动时也是如此（Gardner et al., 2016）。新的研究证据表明减少久坐行为可能增加体育活动并促进健康（Keadle et al., 2017）。并且，久坐行为的日常进程同样受到双系统的影响（Conroy et al., 2013）。甚至有研究指出，相对于体育锻炼习惯，环境和情境因素（如外部线索和个人习惯）可能对久坐行为有更大的影响（Owen et al., 2010）。有研究发现，我国青少年男、女均具有严重的久坐行为，特别是女生体育活动水平随年龄增长而持续下降（郭强等，2017）。

笔者在对于青少年坐的时间和坐着时做的事进行调查时，发现多数青少年每天有 8 ～ 12 小时甚至更多坐着的时间，说明青少年久坐现象明显，但男生和女生之间并没有显著性差异；令人遗憾的是，电脑游戏是很多青少年坐着时选择做的事；也可以发现，看电视没有成为青少年坐着时做的主要事情；青少年做功课和写作业一般会在 3 小时之内完成，还有 26.54% 的青少年的选择中并没有做功课，这可能和调查人群中大学生群体较多有关。

4.3.2 身体活动量

本部分问卷主要考查青少年七天内的身体活动量情况，包括参加剧烈身体活动的时间、参加中等强度身体活动的时间、参加活动的运动强度等级、七天内步行的情况、坐着的时间和坐着时做的事以了解青少年体育生活方式中体育锻炼习惯的养成现状。

身体活动量的第一个问题为"七天内的日常活动量是：比较多、比较少或差不多"。在对于这个问题的回答中，女生和男生回答"比较多"的分别占女生和男生的 10.61% 和 9.35%，回答中"比较少"分别占 39.94% 和 38.66%，"差不多"的女生和男生分别占 49.46% 和 51.99%。这一现象说明，目前青少年缺乏"身体活动"或"体育锻炼"已经成为了较为普遍现象，但是男生比女生情况稍好，并且在身体活动的量后续的调查中，男生也略好于女生。

4.3.2.1 参加剧烈的身体活动的时间

问卷中所提及的"剧烈的身体活动"的解释是跟跑步差不多强度的活动，如篮球、跑步、快速游泳、爬山。题目中提示，从事这些活动会使被试的身体感觉很疲惫，呼吸会比平时快很多，有时甚至满头大汗，没有办法一边活动一边跟别人很轻松地说话。

（1）七天中参与 10 分钟以上的剧烈的身体活动的天数

当被问及"七天中有几天持续参加 10 分钟以上的剧烈的身体活动"时，选择 0 天的人数占比高达 18.06%，1 天的为 12.50%，2 天的为 11.11%，3 天的为 16.66%，4 天的为 5.56%，5 天的为 4.17%，6 天的为 8.33%，7 天均有活动仅为 23.61%。

（2）七天中参与 10 分钟以上剧烈的身体活动的时间

在被问及"这七天中参与 10 分钟以上剧烈的身体活动的时间"时，10 分钟有 8.33% 的人选择，11 ～ 20 分钟有 11.12% 的人选择，21 ～ 30 分钟有 17.68% 的人选择，31 ～ 40 分钟有 14.88% 的人选择，41 ～ 50 分钟有 5.58% 的人选择，51～60分钟有2.78%的人选择，1～2小时选择的人数占16.93%，2～3小时选择的人数占6.94%，3小时以上选择的人数占4.78%，不确定的人数占10.98%。多数人选择21～30分钟、31～40分钟和1～2小时为每天的体育锻炼时间，这个数据和我们普遍认识的人们理想地参加体育活动的最佳时长吻合。

4.3.2.2 参加中等强度的身体活动的时间

问卷中所提及的"中等强度的身体活动"包括网球双打、羽毛球、乒乓球、土风舞、芭蕾舞、民族舞蹈、排球等。从事这些活动会让人的身体感觉有些累，呼吸会比平常稍快一些，会流一些汗，没有办法一边活动一边很轻松地唱歌。

（1）七天中持续参加10分钟以上中等强度的身体活动的天数

当被问及"七天中有几天持续参加10分钟以上的中等强度的身体活动"时，选择0天的人数占比为0.49%，1天的为3.74%，2天的为9.07%，3天的为19.73%，4天的为15.14%，5天的为22.16%，6天的为11.63%，7天的为18.05%。0.33%的女生选择了0天，0.65%的男生选择了0天，差别不大。但男生在选择7天的百分比为26.13%，明显大于女生的9.97%，说明在中等强度的活动这一强度的身体活动男生多于女生。

（2）七天中持续参加中等强度的身体活动的时间

当被问及"在过去的七天中持续参加中等强度的体育锻炼时间是多少"时，女生和男生的回答较为一致，10分钟为9.72%，11～20分钟的为6.95%，21～30分钟的为22.23%，31～40分钟的为9.71%，41～50分钟的为4.18%，51～60分钟的为6.94%，1～2小时的为13.89%，2～3小时的为4.17%，3小时以上为5.56%，不确定的人数为16.65%。

4.3.2.3 参加活动的运动强度等级

本题目在于测试被试过去七天参加活动的运动强度等级，选项被分为10个等级与完全没有任何活动，如图4-5所示。从统计结果来看，没有参加任何运动强度的青少年很少，只有6.96%。而选择差不多每天都有20分钟以上剧烈运动的人数为16.67%，每星期有一至两次20分钟以上中等强度运动的人数为5.58%。但考虑到调查群体多为学生群体，每周运动20～30分钟还涵盖在其参加体育课之内，其他时间均只有低强度的运动或中等强度的运动，故可以看出大部分青少年的体育锻炼习惯并没有形成。

从以往的文献中可以看出，一般认为每周参加3次以上且每次持续时间30分钟以上者被视为有体育锻炼习惯。从本研究对青少年的调查结果中不难看出，目前，青少年七天内参加中等强度活动的时间和参加大强度体育活动的时间均不理想，有 6.96% 的人每天没有任何运动，除了体育课有少许活动外其余时间没有运动的人为 7.12%。七天内持续中等强度身体活动的时间选择人数最多的是 21 ～ 30 分钟，次之是 1 ～ 2 小时；七天内持续剧烈的身体活动的时间选择

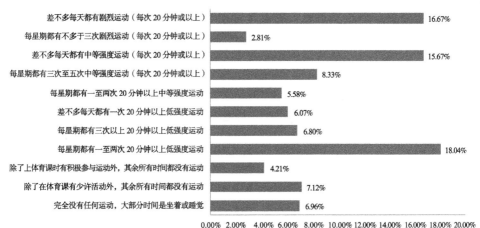

图 4-5　七天内参加活动的运动强度

人数最多的为 21 ～ 30 分钟，次之是 1 ～ 2 小时。这说明大多数青少年参加高强度身体活动的时间为每周 21 分钟～ 2 小时，如果除去体育课的时间，每周课外的体育活动时间仅有约 75 分钟，可以看出，多数青少年没有养成体育锻炼习惯。

4.3.3 学校体育和课外体育活动情况

4.3.3.1 体育课中活动的有效时间

"体育课中活动的有效时间"问题考查的是青少年在体育课中真正动起来的时间。数据显示，"基本不动"的青少年占总数的 8.09%，活动 10 分钟以下的青少年占 4.61%，活动 11 ～ 20 分钟的青少年占 20.47%，占比例最高的是活动 21 ～ 30 分钟的青少年，为 25.32%，活动 31 ～ 40 分钟的青少年占 11.00%，活动时间为 41 ～ 50 分钟的青少年仅为 12.14%，活动 51 ～ 60 分钟的青少年仅有 18.37%。

图 4-6 可以看出，21 ～ 30 分钟和 11 ～ 20 分钟的选择人数最多，说明青少年在体育课上仅有 11 ～ 30 分钟的活动时间，课堂教学的强度并不是很大，青少年在体育课堂上的活动时间不甚理想。

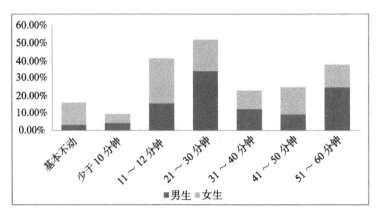

图 4-6　青少年体育课上活动的有效时间

4.3.3.2　是否喜欢上体育课

如图 4-7，对"是否喜欢上体育课"的问题，问卷调查显示，78.82%的男生喜欢体育课，21.18%的男生选择了一般，没有选择不喜欢体育课的男生。女生中有 5.15%选择了不喜欢体育课，选择喜欢的有 48.67%。从总体上来看，63.19%的被试选择了喜欢体育课，2.67%的被试选择了不喜欢体育课。在对问卷进行男女分组变量获得的数据进行 T 检验中发现，在对待上体育课的态度方面，男生和女生的选择存在显著性差异，结果显示，男生比女生喜欢上体育课。性别导致的对体育课态度的差异是当今青少年研究中关注的问题之一。

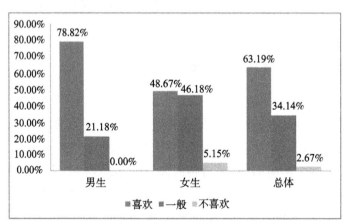

图 4-7　青少年男生女生是否喜欢上体育课

13～15 岁年龄段、16～18 岁年龄段、19～21 岁年龄段的被试选择喜欢体育课的人数占比分别为 52.27%、71.39%和 70.37%；22～25 岁年龄段的青少年对体育课的态度一般，选择不喜欢的人有 7.14%，选择一般的人为 57.14%。

可以看出，初中、高中、大学学段的青少年对体育课的态度是比较喜欢的，到大学高年级或大学毕业后的学生对体育课的态度较为一般。

4.3.3.3　学校是否鼓励参加体育活动

从学校对学生体育活动的态度来看，多数学校是支持学生参与体育活动的。有51.38%的被试认为学校非常支持，32.28%的被试认为学校有些支持，还有8.23%和2.77%选择较为支持和有些不支持的被试，只有5.34%的被试认为学校完全不支持体育活动。这说明学校仍是青少年参与体育锻炼、接受体育信息的重要场所，青少年感受到的多是学校对学生参与体育活动的支持。

4.3.3.4　学业压力

在"学生进行的学业压力是否很重"的选项中，女生、男生及总体的选择显示，选择学业压力一般的比率分别为66.02%、54.88%和60.45%；学业压力很重的比率分别为23.20%、26.15%和24.64%；选择学业压力不重的比率分别为10.78%、18.97%和14.91%。可以看出，青少年学生觉得学业压力一般的人数较多，但感觉学业压力较重的人多于学业压力不重的青少年，说明青少年有一定程度的学业压力，但学业压力的影响体现不明显，可能与本研究的调查被试的选择有关，亦有可能是由于目前青少年的睡眠质量受日常生活中的其他因素影响，如电子设备的使用和久坐等生活方式。

4.3.3.5　老师、家长和同学是否鼓励参加运动

数据显示，多数的老师、父母和同学均鼓励青少年参加体育活动。学校的老师是青少年每天接触最多的人，对参与体育锻炼的态度对青少年体育行为有重要影响。众多研究表明，若家长能够经常与子女一起参与体育锻炼，不仅能够使他们之间的关系更加融洽，影响子女对体育锻炼的态度，还可以增强子女的健身意识，提高他们对体育锻炼价值的认识。

在被问及"家长是否由于学业压力的问题建议青少年学生减少体育活动"时，66.91%的家长回答没有建议青少年减少体育活动，但仍有33.09%的家长回答有建议学生减少体育活动。这说明多数家长还是赞成孩子进行体育活动的，但仍有部分家长可能由于怕孩子耽误学习而建议他们减少体育活动。

4.3.3.6　青少年参与课外体育社团

（1）是否参与课外体育社团

在"是否参与课外体育社团"的问题中，39.47%的女生选择不参加体育社团，32.94%的男生不参加体育社团，60.53%的女生参加体育社团，67.06%的男

生参加体育社团。男生参加体育社团情况略优于女生，说明男生的课外体育活动参与度较女生好，但是，从总体上看，仍有36.33%的青少年学生不参加任何的体育社团，体育活动情况不容乐观。

（2）每周参与社团活动时间

从青少年学生每周参与社团的时间来看（图4-8），主要集中在30分钟以下、30分钟～1小时和1～2小时三个选项上，其中女生每周参与体育社团30分钟以下的人数占30.96%，男生每周参与体育社团30分钟以下的人数占28.38%；女生参与社团30分钟～1小时的人数占27.40%，男生30分钟～1小时的人数占29.05%；女生参与社团1～2小时的人数占30.25%，男生1～2小时的人数占28.72%；每周参与2小时以上女生人数占11.39%，男生人数占13.85%。从每周参与社团的时间上来看，青少年参与体育社团的时间普遍比较短，按一周参与2次计算，多数人每次的活动时间不到1小时，说明社团活动虽然起到了课外体育锻炼的补充的作用，但其体育锻炼功能和效果还有待提高。平杰等人（2011）对上海市中学生进行的调查显示，有少数中学生在校除了参加法定的体育课外，不再参加其他任何体育锻炼。本研究的调查进一步证实了部分青少年还没有养成经常参加体育锻炼的习惯和自觉行为，学生体育类社团发挥的作用亦不充分。

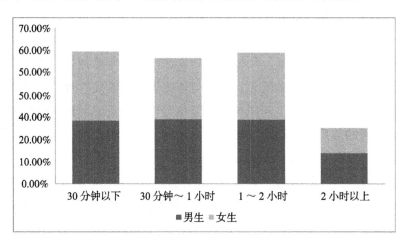

图4-8 青少年参加体育社团的时间

4.3.4 青少年健康意识

4.3.4.1 对体重的调查

从青少年对体重的感觉来看，大部分人选择了刚好，其中女生有41.34%认为自己的体重刚好，男生有 30.76%；但男生认为自己体重较轻的人比较多，占比为 22.02%，而女生认为自己较重的较多，占比为 23.87%，男生认为自己太重的也有 21.18%，说明青少年对自己的体重比较满意。

4.3.4.2 对体重变化的期望

当被问及"对自己体重的感觉"时，31.55% 的人选择了"跟现在差不多"，说明众多青少年对于自己的体重比较满意。但是女生希望"减少一点"的人偏多，为 25.27%，而男生希望"增加一点"的人比较多。

在被问及"是否在乎别人对自己的身材的看法"时，认为"还好"的人占 38.3%，女生在乎的人数为 29.02%，男生在乎的人仅为 17.82%，女生"很不在乎"的人仅为 8.29%，也比男生略多。

在被问及"过去的一年内有没有减重"时，回答"有时"的人最多，为 30.83%。男生中选择"没有"的最多，为 32.27%，选择"总是"的最少，为 8.57%；女生中选择"有时"的最多，为 30.42%，选择"常常"的为 21.37%，而选择没有的最少，为 15.13%。从选择上可以看出，女生比男生经常尝试减重。

在被问及"会不会为了减重少吃或者不吃"时，总体上来看，选择"有时"的较多，男生为 30.08%，女生为 34.79%；回答"总是"的男生有 10.59%，女生有 9.83%，看来还是有很多人为了减重选择少吃一点或者不吃。

4.3.4.3 是否吃早饭或夜宵

此题是为了考查青少年学生是否在吃早饭、吃夜宵方面存在生活方式不健康的问题。从数据来看，每天吃早饭的人有 51.29%，没有吃早餐的人有 5.58%；每天吃夜宵的人有 3.64%，没有吃夜宵的人有 50%，说明青少年一般有较健康的生活方式，吃早饭的人较多，不吃夜宵的人较多。

4.3.4.4 对自己参与体育锻炼的能力的认识

对青少年自己认为的身体活动量进行调查时发现，女生有 35.95% 觉得身体活动的量"足够"，男生有 35.16% 认为身体活动的量"足够"；而男生有 22.26% 认为"非常足够"，女生仅有 13.73% 认为"非常足够"。从中可以看出，男生有更多的人对身体活动的量比较满意。但是，从体能活动的强度的调查中可以看出，大多数青少年学生除了体育课外并没有形成固定的体育锻炼习惯，课外体育活动时间也不足，说明青少年在对于自己的身体活动的量的认识上仍有误区，需要通过社会、学校宣传等途径使其进一步了解自己的身体和体育活动的评价。

青少年被问及"对自己参与体能活动的能力的看法"时,"能找到合适的活动项目""适量活动""有益的活动"被认为是一定可以做到的(图4-9);"能避免在活动时受伤"和"暖身活动"被认为不太确定;但值得一提的是,"暖身活动"和"活动场地"的确定往往被青少年认为不能做到,看来青少年对于体育锻炼场地的不确定性有感知。这说明青少年有一定的体育锻炼知识和意识,但是在体育锻炼中的知识仍不足,有时甚至对训练的暖身活动和避免受伤无法做到。

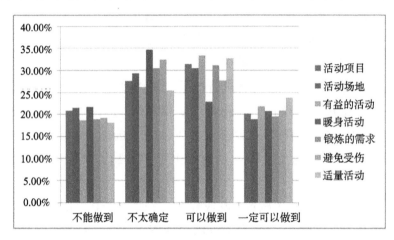

图 4-9 青少年对自己参加体育锻炼的能力的认知

4.3.5 体育锻炼习惯和影响因素初步调查

4.3.5.1 城市运动设施是否足够

在被问及"你认为你所在的城市运动设施是否足够"时(图4-10),43.53%的男生选择了"不足够",40.50%的女生选择了"不足够";选择"非常不足够"的男生和女生分别为15.13%和12.79%;而选择"非常足够"的男生和女生分别只有6.05%和4.84%。这说明青少年对所在的城市的体育设施是不甚满足的,多数认为当地的体育设施不能满足体育锻炼和生活的需要。

4.3.5.2 政府对推广运动的支持程度

当被问及"政府对推广运动的支持程度如何"时,选择"有些支持"和"非常支持"的为多数,说明政府对推广体育运动的支持多被青少年感知。选择"完全不支持"的人有9.95%,可能是因为政府推广不够或信息太多影响了人们对政府行为的理解。

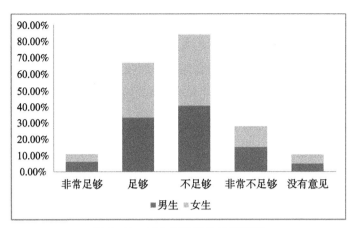

图 4-10　城市运动设施是否足够

在被问及"是否知晓政府是否有推广市民运动计划"（例如全民健身计划或市民体育健身条例）时，45.87%的青少年"知晓"政府有推广市民运动计划，但是选择"没有"的为 29.21%，选择"不知道"的为 24.92%。在被问及"是否经常留意与运动相关的数据和消息"时，选择"经常关注"的有 27.43%，选择"有时关注"的为 37.06%，选择"很少"的为 23.87%，选择"从不关注"的为 11.65%。从调查结果看来，多数人对体育信息的关注非常多，时常关注和经常关注的为多数，说明目前青少年多数对体育锻炼的信息关注度很高，但目前电子设备的普及带来的信息多样化、多元化以及信息的广度、丰富性有时亦会影响青少年对信息的关注。

在被问及"你从哪些途径或媒体知道政府所推行的运动推广计划"时，55.58%的人选择了"网络"，50.97%的人选择了"电视"，说明电视和网络是人们获得信息的重要渠道。选择"同学和朋友"或"学校和海报宣传"的人数也较多，可能是因为学校、同学和朋友对青少年来说接触较多。值得注意的是，选择"亲戚和家人"的人数较少，可以看出目前青少年在家庭中获得的体育资讯最少。

4.3.5.3　每周和父母一起参加体育锻炼的天数

当青少年被问及"每周有几天和父母一起参加体育锻炼"时（图 4-11），多数人的回答是 1 天，回答"不知道"和"没有"的人数分别占了 8.44%和 5.68%，而每天和父母参加体育锻炼的仅有 3.41%。根据这些数据推断，目前在家庭中父母和子女共同参加体育锻炼的机会较少。有些青少年甚至每周 0 天和父母一起参加体育活动，说明青少年家庭中共同参加体育锻炼的情况不是很好，但也有可能是由于青少年每周5天都在学校学习，回家后没有时间和父母一起进行体育锻炼。但是这样的情况还是可以说明，形成家庭、社区共同的体育锻炼氛围对青少年来说非常重要。家庭体育目前在我国青少年群体中的发展情况堪忧，亟待加速发展，以推进青少年体育锻炼习惯养成。

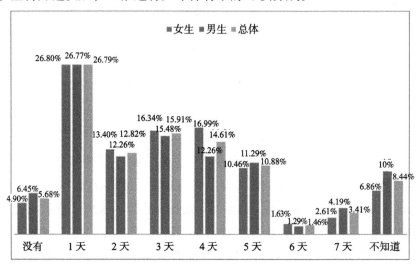

图4-11　每周和父母一起体育锻炼的时间

4.3.5.4 一起参加体育锻炼的人

在被问及"经常一起参加体育锻炼的人"时（图4-12），青少年的回答中首选为"老师""同学""兄弟姐妹"和"教练"。这说明青少年接触的人员范围明显大多局限于学校范围，可以对青少年体育锻炼习惯产生影响的人也多数为老师、同学和教练等。而备选中74.14%的青少年选择了"独自锻炼"，69.23%的人选择了和"亲戚"一起锻炼，说明青少年除了会和学校的人有联系外，联系最多的是亲戚或家长，进一步说明青少年的社会交往面比较狭窄，参与体育锻炼的途径也较少，受到家庭和学校的影响最多。值得注意的是，有一部分青少年选择了教练，说明随着家庭生活水平的提高，父母对青少年的体育锻炼的投入随之增加，使得青少年在进行体育活动时选择和教练等专业人士一起参加体育锻炼。

随着青少年年龄的增长，与他们一同参加体育锻炼的人群应该是不一样的。他们在幼儿期和学龄前期应多和家长共同参与，上学后多和学校同学、朋友共同参与。青少年期是参与体育锻炼行为的重要阶段，家庭对青少年体育锻炼习惯的培养非常重要，可能会影响青少年的体育意识、体育观念的形成，从而影响体育锻炼习惯的养成。

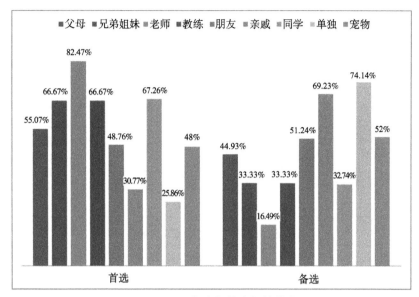

图 4-12　一起参加体育锻炼的人

4.3.5.5　阻碍体育锻炼习惯产生的原因

问卷中，阻碍青少年体育锻炼习惯的影响因素分别为"没伙伴及指导""懒散不喜欢运动""健康因素""资源不足""不好意思""没有时间""家庭牵绊"和"天气原因"八项。如图 4-13 所示，在对其重要性的选择中，以 4 级问卷"非常重要""重要""不太重要"和"不重要"作为选项。在"非常重要"选项中，"懒散"和"不好意思"为较多人选择的选项，说明青少年认为自己不能形成体育锻炼习惯是由于"不好意思"或者是害羞参加体育锻炼，这说明青少年在参与体育锻炼时的乐群性不足。被认为"不太重要"的两项最高分选项为"没伙伴"和"健康因素"。前文中说明青少年普遍对自己的健康状况较为自信，锻炼中不需要伙伴陪同，说明目前的青少年比较独立，可以接受独自参与体育锻炼。被认为"重要"的两项原因为"资源不足"和"没有时间"，可能是由于社会经营的锻炼场地资源较少，造成体育锻炼的常规器材易得性较差。同时，青少年学生的学业时间比较紧张，没有时间参加体育锻炼可能也是阻碍青少年锻炼习惯形成的重要原因之一。

4.3.5.6　促进锻炼习惯形成的原因

问卷将促进青少年锻炼习惯形成的因素分为"增强体魄""增进健康""促进友谊""提高生活质量""享受乐趣""修身美型""提升睡眠"七项，分别以"非常重要""重要""不太重要"和"不重要"作为选项，有首选和备选两个

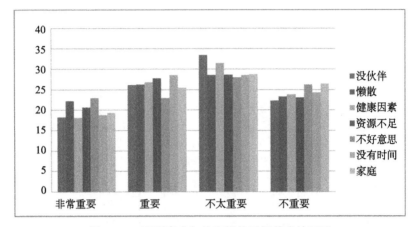

图4-13 阻碍青少年体育锻炼习惯养成的原因

选择。从图4-14中可以看出，"非常重要"中百分比最高的两项为"增进健康"和"提高生活质量"，这两项是以往研究中公认的可以促进青少年学生形成锻炼习惯的因素。被认为"比较重要"的百分比最高的两项为"促进友谊"和"享受乐趣"，说明在青少年形成锻炼习惯的过程中，"增进健康""提高生活质量""促进友谊"和"享受乐趣"为他们较为关注的影响因素。

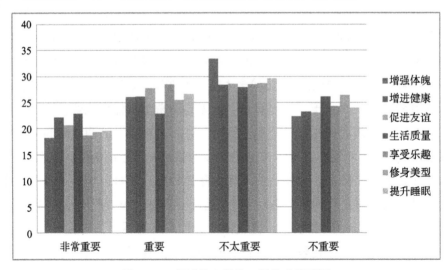

图4-14 促进体育锻炼习惯养成的原因

4.3.5.7 体育锻炼习惯形成现状

根据问卷中体育锻炼习惯的情况可知，目前青少年体育锻炼习惯养成情况堪忧，在体育锻炼习惯的养成方面没有地域差异。进一步分析发现，男生和女生在体育锻炼习惯方面有显著性差异（P<0.05），男生优于女生。体育锻炼习惯自

评量表中平均分为 29.64，说明青少年体育锻炼习惯指数较低，但男生略优于女生，为 32.04。在对年龄段分组的比较中，未发现显著性差异，不同省份之间也未发现显著性差异，说明本研究取样的青少年没有由于地域、年龄段或性别因素影响其体育锻炼习惯的形成。马兰（2014）的研究发现大学生男生和女生之间体育锻炼习惯无显著性差异，但在体育锻炼意识、体育锻炼行为等方面存在显著性差异。但在本研究中，男生和女生在体育锻炼习惯方面存在显著性差异，说明不同的性别特质会影响体育锻炼习惯的形成。

4.4 青少年体育锻炼习惯养成过程访谈

根据前文的体育锻炼习惯现状调查的结果和对体育锻炼习惯理论模型的理解（图 4-15），本章制定了访谈提纲：第一部分是体育锻炼习惯和久坐行为报告；第二部分是青少年从 13 岁以来的学校体育活动参与情况及对自身体育锻炼行为的影响；第三部分是家庭体育对体育锻炼行为的影响；第四部分是社会环境中的因素对自身体育锻炼行为的影响；第五部分是个人的满足感、目标等因素对自身的体育锻炼习惯的影响。在访谈的过程中，个人方面主要关注体育锻炼中的乐趣、自信等在影响因素中较高分的题项；学校方面主要关注体育课程、老师、课外体育活动等题项；家庭方面主要关注父母的体育意识、体育参与和家人对体育锻炼的影响；社会方面主要关注大型体育活动举办、体育场地设施、获得体育锻炼的信息渠道。访谈过程中鼓励被访者尽量详细地描述体育锻炼习惯经历和促进体育锻炼习惯形成的人或事，用例子说明具体情况。

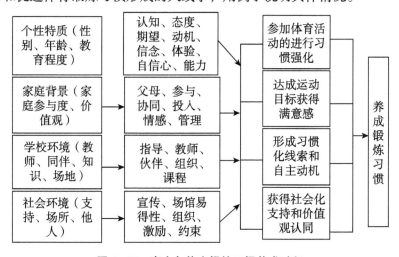

图 4-15 青少年体育锻炼习惯养成过程

4.4.1 访谈对象简介

访谈法通过与被调研对象进行面对面交谈进行数据收集，具有灵活性和适应性等特点，有利于更深入地了解现象背后可能存在的问题。访谈者既能了解到现实的发展情况，也能进行意见的征询。本文对体育锻炼习惯影响因素及形成过程的分析采用了访谈法。在 2019 年 7 ～ 9 月，笔者对 13 ～ 25 岁青少年进行了访谈，共访谈 30 人。为确保访谈的有效性，73.33% 的访谈为当面访谈，其余 26.67% 为电话或微信访谈，访谈内容和结果真实可靠。 被访对象中 13 ～ 15 岁 5 人（A），16 ～ 18 岁 5 人（B），19 ～ 21 岁 10 人（C），22 ～ 25 岁 10 人（D），其中男性 14 人，女性 16 人，以 A、B、C、D 作为分组分别对组内被访者进行编号。为了对访谈内容进行核实，笔者对其家长进行了访问作为辅助。访谈时间一般控制在 30 分钟左右，访谈时间为被访者刚刚参加体育锻炼之后。访谈前，笔者会告知被访者访谈内容与课程考试成绩等无任何关系，访谈时随时关注被访者心情是否放松、是否配合访谈。本研究的访谈由于是关于青少年锻炼习惯行为，因此均根据实际时间在受访者刚刚参加体育锻炼之后进行访谈，有助于被访者对体育锻炼的情绪体验和运动线索感受更为清晰、更为深刻。

4.4.2 访谈内容主题结构检验

笔者运用 Python 3.6 编程语言对青少年体育锻炼习惯养成访谈的文本内容进行主题建模（Topic modeling）。由 Blei 等人（2012）最早提出的隐含狄利克雷分配（Latent Dirichlet Allocation, LDA）是一个三层的层级贝叶斯模型。LDA 是文本集合的生成概率模型，它假设主题由词语的多项式分布以及文档由主题的多项式分布表示，词汇分布和主题分布的先验分布都是狄利克雷分布。模型中，每个主题的词汇分布、每个文档的主题分布、文档的每个位置的话题是隐变量，文档的每个位置的词汇是观测变量。LDA 关注的是文本语料库（Corpora）和其他离散数据集合的建模问题。它的目标是找到集合成员的简短描述，以便高效地处理大型集合，同时保留基本的统计关系。这些关系对于分类、新奇度检测、摘要、相似性和相关性判断等基本任务都非常有用。

笔者根据本书研究的四个影响因素部分对访谈文本进行了观测，提取可与前文研究的设定中关于个人、家庭、学校、社会四个方面的问题相互论证的内容描述。体育锻炼习惯过程报告的被访者文本中去掉了"基本""可能""从中""就是""喜欢""体育锻炼""锻炼""坐""体育课"等连接词或对于体育锻炼习惯的基本描述词，提取 10 个主要关键词如表 4-1。可以看出，提取的关键词基本上涵盖了访谈需要了解的内容，例如在社会方面，健身、朋友、体育馆、公园、信息、赛事等都在访谈内容中得到体现，说明访谈所得的文本内容对访谈主题有一定的代表性。

表 4-1 访谈主题分析结果

主题推断	关键词（n=10）
个人	手机、上网、跑步、好玩、身体、电脑、轮滑、步行、看书、自信
家庭	父母、爸爸、跑步、妈妈、爱、小区、羽毛球、健身卡、亲戚、表哥
学校	跑步、大学、社团、压力、练习、中考、项目、跳、体育项目、上学
社会	健身、朋友、偶像、跑步、体育馆、信息、公园、健身房、队友、赛事

4.4.3 青少年体育锻炼习惯现状与养成过程访谈结果

4.4.3.1 体育锻炼习惯和久坐行为

被访谈的青少年，有的有较强烈的体育锻炼习惯，有的基本没有体育锻炼习惯，说明青少年目前的体育锻炼习惯水平不稳定，容易受到外界环境的影响。例如，在描述体育锻炼习惯时，18～21 岁的女性青少年中（被访者以 A1、B1 等标注见附录六）频率最高的体育锻炼行为是"只要不下雨，每天跑步，一般都跑 3 公里"（C1），而也有描述为"每周 1～3 次除了体育课以外的课外体育锻炼"（C3），更有描述为"过去一周因为刚进入大学且刚开学有很多事，未进行体育锻炼"（C2）。

在对久坐行为的描述中，时间最短的是"过去一周平均每天坐着的时间约为 6～10 小时"（B1、C3）。最长的是"上课时间很长，受专业影响，每天 12 小时以上时间坐着"（C4、C5、C6）。

在被追问是使用电脑时间长还是使用平板或手机时间长时，几乎所有的青少年都回答了"电脑上网时间少，多数使用手机上网"（C1）或"使用手机更多"（B1、C7）。

但是，遗憾的是，青少年一般每天都有 6 小时以上的久坐时间，甚至是 10～12 小时。他们在坐着时做的事情一般是学习、写作业和上网，而看手机或平板已经比用电脑的时间长。这也验证了青少年久坐现象的普遍出现，说明改变久坐这种不健康的生活方式刻不容缓。同时，手机和平板的使用越来越多地取代了台式电脑和笔记本电脑，可以推断体育信息传播的方式和媒介也许也需要变革。

4.4.3.2 学校体育气氛对青少年锻炼习惯的影响

被访青少年在回顾其初中、高中、大学阶段的体育课、体育社团及其他学校内的体育活动时，纷纷表示体育课和中考体育测试都是正常进行的，一般在初中阶段（13～15岁）每周体育课安排2～3次，每节课40～45分钟，但是上体育课的情况不太乐观，没有具体的项目，练习内容也较为单一。被访者表示："初一、初二不上体育课，初三为了中考才进行练习，每周2次体育课，课间操、早操进行体育锻炼，因为中考有30分，所有的同学都参加，上课的主要内容是跑步。"（C1）"有时候被占课，其他专业的老师会来上课讲卷子之类的。"（C5、C6）"每周1～2节体育课，每节课45分钟，没有其他活动，就是做游戏、跑步，学校里没有体育社团。"（C2）但是，上海初中的体育课情况要好于全国其他地区。例如，"初中阶段体育课一周3次定期跑步，另有每周1次两节课连上的体锻课进行各种活动（学校提供各种球类、毽子、空竹等器具）。"（B1）

另外，值得注意的是，很多被访者都提到，初中后同学们就分流了。"一般初中开始就分流了，有的考了高中，考了高中的学习挺累的。"（C2）"学习不好的上完初中就不上学了，所以也不知道他们的情况。"（C1）从访谈中可以看出，青少年在初中阶段特别是初中低年级的体育课往往是被荒废的，而在初三年级，他们要面对中考学业压力。迫于中考的体育测试要求，初中体育课开始突击发力，学校组织学生进行应试体育锻炼活动的情况比较明显。另外有一部分青少年的体育锻炼行为（初中分流）很少被关注到，或许这提示我们应该加强青少年早期锻炼习惯的干预，否则会有部分青少年在初中阶段后无法形成良好的锻炼习惯。Kemper（1995）的一项研究发现，荷兰的青少年在14岁时体力活动水平明显下降，美国也发现了类似的研究结果（Kelder et al., 1993）。这说明13～15岁时段是可能帮助其以后形成锻炼习惯的重要阶段。

对于高中阶段的体育锻炼习惯，被提到较多的是晨跑、学习忙、不上体育课。这些青少年高中时一般不怎么参加体育锻炼，但是要进行体质健康测试，所以不得不晨跑或者练习一些项目。"高中阶段，每周2节体育课，40分钟一节，我可以加入田径队的，但是没有加入，因为要学习，田径队要每天训练跳远、跑步之类的，田径队每天早晨训练1小时，下午要训练2小时，一般全校都要晨跑，6:30左右起床跑步。"（C3）"高中阶段，每天5:30起来跑步，住校一个月回家一次，在学校不住校的同学也要参加跑步，也上体育课，每周2次，基本内容都是跑步，无其他体育活动。"（C1）"山西一周2节体育课，每节课45分钟，有体质健康测试，平时高中阶段都不上体育课，自己会在体育课的时间做卷子、写作业之类的。"（C4）可见，由于学业压力较大，很多青少年放弃了高中阶段的体育锻炼，投身学习，希望通过高考改变自己的命运，获得上大学的机会。"我们当地只有一所比较好的财经大学，当地人很喜欢，一本线的，学业压力挺大，初中开始就分层次了，应试教育比较严重，学习好的体育都不太好。"（C1）"每周1次体育课，无社团，但是知道有篮球、羽毛球、排球比赛，也看过，有点想参加，但是也都没参加，学习比较重要。"（C2）

从对大学阶段的体育课进行的描述中可知，青少年多数是为了轻松或者是获得较高绩点而选择比较简单的课程。有些课程需要挑战新事物，青少年觉得不容易获得好的成绩而不会选择。对于体育锻炼，很多被访者称"后来上大学了发现好多原来都没接触到的项目，都挺有意思的，也想自己尝试"（C2）。这说明大学是青少年开启新生活的地方，虽然在家乡有固定的体育锻炼项目、场地和朋友，但在新的环境中仍然有新的动力开启体育锻炼。"为了接触新事物可以去参加新兴的体育社团，上学期刚刚参加了学校的'可可托海'社团体育活动，一次性的，但没有持续参加。"（C1）

在体育课方面，"大学阶段都是选修课了，选过健美操，有点难，就不想去学了。"（C3）"课表一般只有一个空余时间上体育课，学校课程资源有限，一般选球类的课程轻松些，健美操之类的虽然不晒，但是上课太累了，还要自己编操，老师给的绩点也不高。"（C5、C6）可以看出，由于学生价值观、人生观逐步成熟，大学的体育课上，学生的"畏难"和"功利"就显示了出来。但是，通过奖励还是可以调动学生参加体育锻炼的积极性的。"上学期一个体育老师上课会有一些激励措施，比如课后跑2圈的同学可以加分，后面我们就为了加分一直跑圈，然后体育成绩真的好了，绩点比较好，还有跳台阶之类的练习，身体素质感觉也好了点。"（C4）

4.4.3.3 家庭体育气氛对青少年锻炼习惯的影响

在父母的体育锻炼习惯和体育意识方面，大多数青少年称父母的体育锻炼意识很强烈，非常热爱体育活动，极少有母亲不怎么参加体育锻炼或者由于特殊原因退出体育锻炼的情况，父亲均在他们参加体育锻炼的过程中起到了良好的效果。

"家庭成员有爸爸、妈妈、姐姐（已工作），爸爸妈妈喜欢体育，爸爸年轻的时候擅长短跑，妈妈原来是学校篮球队的队长，也擅长长跑，一般早晨都起来进行体育锻炼。"（C2）"家庭成员有父母、弟弟（初一）、妹妹（6年级），家里人每天在广场和公园参加当地的'禅跑'（一种手举着的慢跑活动），每天的参加时间为20～30分钟，活动完手臂酸，挺累的，暑假和家里人一起去跑了几天，手臂很累，全家一起参加。"（C1）"我是独生子女，家里就我一个，平时父母很爱体育锻炼的，爸爸喜欢跑步，而且经常跑，还带我一起跑步、游泳，爸爸年轻的时候还打网球和参加其他体育活动的；妈妈基本没有锻炼习惯，上次办了张健身卡，自己去锻炼还受伤了，后来这个健身卡被我用了。"（C3）

从被访者家庭成员的体育活动可以看出，目前青少年的父母较为关注体育活动，并且也都喜欢让子女参加体育锻炼，特别是子女上大学之后。这可能是被访者能够持续参加体育锻炼的原因之一，父母对体育锻炼的意识和行为往往可以影响青少年形成体育锻炼的习惯。但值得注意的是，由于大学阶段的青少年已经成年，仍有部分青少年不太愿意和父母一起参加锻炼，从而不能形成体育锻炼习惯。例如，有被访者表示："我父母很爱锻炼，经常拉着我跑步、办健身卡、买鞋之类的，会对我参加锻炼有一定的影响，但是我还是没觉得能每天锻炼很好。"（C6）

4.4.3.4 体育比赛对青少年锻炼习惯的影响

多数青少年是体育比赛的旁观者，很少亲自参加比赛，有的有能力参加比赛会因为学业或者其他原因放弃。但多数青少年表示，任何级别的体育比赛，对他们的参与诱导性都是存在的，他们由于对规则的不熟悉、对技术的欠缺和对自己能力的不自信，没有很好地参与其中。"大型体育活动对参加锻炼有点影响吧，但是我不会参加，顶多看看新闻和朋友讨论一下之类的。"（C4）"有时候觉得挺好玩的，想参加，但是我也没有合适的人一起参加，就觉得没意思了。"（C5）"学校有些羽毛球比赛、篮球比赛，我挺向往的，大型活动没什么，都是看同学们打打比赛，就想着以后上大学要学，要参加这些活动。"（C2）

对于大型体育赛事，广大的青少年还是有一定的期待，并且觉得大型体育赛事对完善城市体育设施、增加体育氛围都有好处，对他们能够参与体育锻炼有一定的引导作用。"我家在的城市有些新建的体育馆，有些比赛，觉得这些比赛都挺好的，对我们当地的体育气氛很有帮助的，会号召更多的人参加。"（C2）

"当地有体育赛事，是衡水马拉松，这几年才有的，有了之后经常举办，市民也都希望经常举办，举办之后体育设施变好了，体育场馆也建了几个。"（C1）"城市的大型体育活动很好，我们都很习惯的，我们海南还挺多体育赛事的，到上海就更多了，世界杯篮球赛、足球赛，都想去看看的。对我家人没什么影响，主要是对朋友的影响吧，我们都是和同龄的人一起锻炼。"（C3）

4.4.3.5 锻炼场地易得性对青少年锻炼习惯的影响

从对锻炼场馆的易得性方面的表述中可以发现，目前青少年锻炼的场所主要是公共体育场馆、绿地、公园等，一般步行 10～15 分钟能有相应的体育场馆进行锻炼，这可能是青少年能够形成稳固的锻炼习惯的条件之一。而从青少年对于这些场馆的认知来看，一般认为这些场馆能够给他们带来锻炼次数的增加和对锻炼行为的线索提示。

"我家附近有很多球场，最近的球场走路 3 分钟可到，除了学校有体育设施，社区也有。"（B1）"有公园，一般都在公园和小区里面散步、跑步，到最近的锻炼场所就 10 分钟的路程，体育馆不多，但是游泳池很多，健身房也很多，还有那种能进行力量练习的健身房在我们那边比较多，大部分人会游泳吧。"（C3）"家附近有体育场馆，家里人在国企工作，单位也有锻炼器材和场地，离家很近，一般去那里 10～20 分钟。"（C4）"我这体育馆很多，都在半小时圈内，还有游泳馆和滑冰馆，我也有自己的地方滑轮滑。"（D2）"我居住的附近有专门运动的体育公园，里面有跑步道、羽毛球场、篮球场和简单的健身器材，骑电瓶车 10 分钟就能到，自从家附近有了体育公园，有了运动的场地，也增加了我运动的次数。"（D1）

4.4.3.6 体育信息获得渠道对青少年锻炼习惯的影响

"获得体育锻炼的技能一般可以找教练或私教，教练有很多的，也很贵的，可以在初学的阶段多学几次，把基础打好，然后再自己练。"（C5）"会关注体育信息，但是关注网上的消息较多，都是用手机看的，也会和同学交流，但是与同学交流的体育信息不多。"（C4）"平时看新闻或者学校宣传，自己也比较喜欢研究健身知识，会关注微博健身博主。"（D1）"我有时从新闻推送获得体育知识，在轮滑领域，自己主动查资料去提高自身能力水平，在足球方面，我长期负责比赛，后勤运维也算是耳濡目染。"（D2）"通过电视、网络、老师等渠道获得体育知识与信息，主动或被动都有，在网络上了解到更好的篮球技巧、运动方法时，我会进行学习和利用。"（B1）

可以看出，青少年对于体育信息的获得渠道是多元化的，包括电视、电脑、健身教练、老师和同学等，说明青少年随着年龄的增加开始逐步拓展自己的生活圈，获得信息的渠道多样化。这说明体育信息对青少年的影响是复杂的、全方位的，也提示我们，锻炼意识的获得和情景线索的环绕在青少年的发展过程中应该是多渠道、全方位的。

4.4.3.7 体育锻炼中人际交往对青少年体育锻炼的影响

体育锻炼中人与人的交往非常频繁。青少年对于在体育锻炼中的交往都描述为和同龄人或者是志同道合的朋友们一起，说明同龄伙伴会影响青少年锻炼习惯的产生和保持，在锻炼的过程中有固定的朋友陪伴往往会有良好的监督锻炼行为效果。

"一般与同学或者老师的交流学习运动技能和锻炼方法，会问别人怎么锻炼、怎么拉伸之类的问题。没有通过锻炼交到的朋友，但是和朋友一起锻炼的时候比较多。"（C1）"我在轮滑圈有一起玩的伙伴，不过身边的人不滑轮滑，他们有自己的运动方式，班上有'晚跑队'，还有组团健身的。"（D2）"影响我锻炼的人是我大学期间隔壁寝室的女生，她坚持了一个学期的健身，整个人精神面貌很不一样，皮肤变得很好，人也瘦了很多，我就同她一起去学校附近的健身房一起锻炼，每次跑步就挨着她的跑步机跑步，每次坚持不下来就看到她一直出汗，跑得很起劲，我也会咬咬牙坚持一下，有了一起健身的伙伴互相监督，那段时间我们还会约晨跑和夜跑，越是到考试周越会抽出时间去锻炼，非常减压。"（D1）

当然，对于他人的影响青少年也有一定的表述。例如，和熟人一起去健身房或者跑步，帮助他人形成锻炼习惯，青少年对于这类情况非常惊喜，会有一定的成就感，说明有锻炼习惯的青少年愿意用自己的行动影响他人，同时自己也有了良好的情绪体验。

"我上次和一个同学约好一起参加锻炼，但后来和她不小心进了不同的健身房锻炼，都没在一起锻炼成，却在锻炼时认识了新的朋友。"（C3）"有个同学我高中时就带她一起跑步，然后她上大学的时候在班级里体育成绩还可以，我们都有进步了。"（C2）

4.4.3.8 科技发展对体育锻炼习惯的影响

随着科技的发展，越来越多的科技信息和服务融入了我们的生活。从被访者的描述中也可以看出，目前新兴的体育科技手段（如体脂测量、运动App等高科技的监控或提示体育锻炼的实物和软件）无处不在，也为锻炼习惯的养成提供了情景线索或是反馈监控。"我们宿舍有个小米的'体重秤'，这个'体重秤'很好用，可以进行体质的测试，还有体脂、体成分等高科技的测量，能够促进我们去锻炼。"（C3）"我更喜欢提供技术，就像上次的总决赛，我在操作台负责技术支持，在背后为运动员保驾护航。"（D2）"还有些锻炼的App，也是平日经常用的，可以提示锻炼时间和锻炼内容。"（C2）

4.4.3.9　体育锻炼中积极的情感因素获得

从被访者的描述中可知，获得锻炼习惯的过程中积极的情感因素主要有乐趣、自信心、满足感、喜欢、宣泄压力等，这与我们模型中获得锻炼习惯的满足感的需要吻合。另外，可以看到，在运动中的健康体验和正确的认知也可以被视为在锻炼习惯获得过程中类似于奖励的因素。因此，从被访者的角度可以看出，在运动中获得的积极的情感可以在促进锻炼意识形成阶段起作用，也可以在获得满足感部分起作用。

"在锻炼中获得的乐趣和自信心对身体形态的改变和面容上的改变很明显，我自己也变得自信很多。对运动的正确认知让我一直愿意参加体育锻炼，一直认为只要坚持运动总是比护肤品更有效地延缓衰老。"（D1）"长期的篮球训练让我获得更多乐趣，交到了很多朋友，也让我树立了自信心。"（B1）"保持一个健康的体魄，保证每天正常的精力不过剩、不疲惫，宣泄压力，获得满足，与人沟通，这些都是我滑轮滑的动力。最重要的是两个字'喜欢'。"（D2）"会自信呀，我原来就是田径队的，还挺自豪的。"（C3）"参加体育的乐趣和自信会影响我，练习到一定水平的时候，我还是觉得我能胜任的，但是项目的难度也能影响我。"（C2）

4.4.3.10　最初参加锻炼的目标

关于参加体育锻炼的最初目标，女生被访者多称是保持体形、减肥或者和朋友一起，男生则称是参与比赛或身体不好需要锻炼，也有人称是提高体育成绩或中考成绩。而且，初中时的体育锻炼往往是为了中考，没有其他的目标。这说明在早期，青少年未形成锻炼习惯时往往是有明确的目标的，但随着后续的锻炼行为的进行，目标渐渐消退，锻炼成了习惯行为。目标的多样化提示我们，社会、家庭、学校应该形成合力，从多方位、多角度干预青少年体育锻炼行为。

"一开始参加球队训练是家长想让我锻炼身体、增强身体素质。到后来我打了十多年球，锻炼已经成了习惯。"（B1）"印象深刻就是上大学时学校有足球比赛，好多同学来看丁顺杰、吴正茂，挺狂热的，宿舍里的同学都想去踢球。还有就是高中时候和同学、朋友一起游泳，因为海南游泳池比较多，还挺喜欢游泳的。"（C3）"体重秤比较有用，目标一般都是由减重来的，看到体重重了就多锻炼锻炼。"（C4）"有的是要减肥，有的是要尝试新东西，有的是为了上课的成绩，不同阶段需求不同，反正我一般就是为了课堂的成绩高一点，这样目标明确。"（C2）

4.5 青少年体育锻炼习惯现状分析

4.5.1 青少年对自己的健康现状较满意

根据国际体育活动问卷收集到的数据可知，青少年对自己的健康情形分析较为明确，男生和女生的自我认知无明显差异，较为普遍的观点是认为自己的身体情况较好，处在正常的健康水平。目前，青少年学生缺乏体育活动或身体锻炼已经成了普遍现象，但是男生比女生情况略好。对于学生群体来说，除了参加必修的体育课程之外，自己有较稳定的锻炼习惯的人很少，多数学生除了上体育课时有运动外，其他时间只有低强度的运动，中强度甚至是高强度体育锻炼的运动习惯没有形成。但在锻炼意识方面，多数认为政府有推广体育活动的相关信息，认为自己没有足够的体育锻炼。无论是女生还是男生，都认为七天中每天参加 10 分钟以上剧烈活动的时间集中在 21 ～ 60 分钟，这个数据和我们普遍认识的人们理想地参加体育活动的最佳时长一致。

4.5.2 久坐和屏幕依赖的不良生活方式值得关注

由对于生活方式的自述可知，每天的步行是大多数青少年最为常见的身体活动方式。久坐问题非常明显，被访者每天平均有 6 ～ 10 小时的久坐时间，看电视、玩电脑和看书三种活动是坐着时的主要行为，但是访谈也发现新型手机媒体的发展也成了青少年久坐的重要因素，说明在新媒体时代生活方式的改变值得我们关注。但我们遗憾地发现，青少年在睡眠质量方面存在一定的问题，由于涉及内容不是本研究的主要内容，还需要进一步研究佐证。

4.5.3 有一定的健康意识但锻炼知识有所欠缺

对于锻炼意识的调查显示，青少年有一定的锻炼意识。多数青少年知道体育锻炼会带来良好的收益，但是对于锻炼过程中如何避免受伤或者如何准备等知识还不足。对于自己的体重，男生和女生都表示了满意，但是男生一般不减重，选择"从不减重"的人较多，并且希望自己体重增加一点；但女生一般希望自己轻一点，同时，减重的女生选择"常常"或"有时"占了很大的比例。所幸的是，青少年的饮食习惯还比较正常，不存在刻意减肥伤害身体的情况，吃早餐和夜宵的情况也基本符合健康生活的饮食习惯。

4.5.4 男生体力活动情况优于女生

男生选择七天均参加中等强度活动的百分比明显高于女生。青少年每周中等强度的活动时间普遍介于 20 分钟至 2 小时之间。从青少年参加不同强度体育活动的频度和时间上看，女生略差于男生。在访谈中也发现，男生普遍比较乐于参加体育活动，而女生有时候参与体育活动的主动性不强。男生明显比女生喜欢体育课。

从青少年体育锻炼性别结构特征来看，青少年男性参加体育锻炼要多于女性。这是因为在性格上男性比较喜欢运动，女性比较喜欢安静，特别是青少年表现更为突出。重视发展女性青少年体育锻炼，积极开发各种适合女性参加的体育活动项目，对于提高女性的身体素质和健康水平以及增加我国青少年体育锻炼的人数具有重要意义。在对超过 5 年的时间里跑步约 3.5 亿千米的 110 万人的日常锻炼行为模式的数据进行分析后发现，锻炼习惯是可以通过社交传播的，其传播能力随着锻炼者（朋友）之间的相对活动以及性别关系改变。不积极的跑步者会影响积极的跑步者，反之不会。男性和女性都会影响男性跑步者，却只有女性会影响其他女性跑步者（Aral et al., 2017）。我们应该关注到男生和女生的差异，对青少年女生多加关注和引导，以促进其形成锻炼习惯。

4.5.5 体育课和课外体育社团有待进一步加强

从调查和访谈中均发现，目前青少年的体育课和课外体育社团没有发挥其应有的作用。访谈中甚至有青少年描述体育课一般都不上，也没有教学内容，就只是跑步。体育课的有效活动时间也不甚理想，仍有近三分之一的青少年学生不参加任何体育社团，课外体育社团这一被公认的日常体育课的重要补充形式在青少年的体育活动中并未发挥应有的作用。参加社团活动虽然起到了课外锻炼的补充的作用，但其锻炼功能和效果还有待提高。可喜的是，多数家长、学校、老师和同学都鼓励青少年参加体育锻炼。多数青少年学生觉得学业压力一般，并未对其生活造成较大的影响。仍有部分家长建议学生减少体育活动，其中女生的家长比男生的家长多。

4.5.6 亟待环境改变促进锻炼习惯养成

本章的调查数据显示，有四成的青少年认为运动场地设施不足，这是学校和社会乃至国家亟须关注的问题。日新月异的新媒体技术，在方便了人们的同时也带来了久坐的挑战。青少年接收体育类信息的途径日渐丰富，电脑、手机等使青少年感受到了政府对运动的推广，但运动信息的传统传播途径逐渐被取代。多数青少年选择一起锻炼的人是亲戚、朋友和父母，但也有青少年选择的是健身教练等；而基本每周有 1 天和父母一起锻炼是多数人的普遍选择，说明青少年和父母一起锻炼的时间偏少。青少年对自己的健康情况比较满意，对于锻炼习惯不能形成的原因归结于懒惰、不好意思、没时间等，说明青少年平时或因学业压力导致锻炼时间没办法保证，或因各种困难不能保持锻炼，由此可见，养成锻炼习惯、拓展社交圈是今后青少年迫切需要的。

4.6 本章小结

本章通过对青少年锻炼习惯的调查和访谈发现，青少年锻炼习惯养成整体情况有待改善，影响锻炼习惯养成的因素趋于多元。青少年自我感觉健康状况良好，久坐、屏幕依赖等不良生活方式是影响其健康生活的重要方面；青少年身体活动量不足，多数青少年体育锻炼习惯未形成，其中女生差于男生；体育课和课外体育活动尚未收到很好的效果；青少年有一定的参与锻炼的意识和认知，但在锻炼主动性和知识方面有所欠缺。学生喜欢体育课，但体育课的运动时间没有得到充分利用；学校仍被青少年认为是每天活动的主要场所，学校中的老师、同学以及运动场地和体育社团等对青少年锻炼习惯的影响较为明显；青少年平时参与体育锻炼的乐群性和主动性不够，家庭体育中家长和亲人能和他们一起参与锻炼，可能会对青少年的体育锻炼习惯产生潜移默化的影响。在访谈中也发现，青少年对于外部社会的影响的感知是敏感的、充分的，因此也希望能够通过外部的干预，引导更多的青少年参与体育锻炼及养成锻炼习惯。

根据自我报告习惯量表测得的数据可知，目前青少年的体育锻炼习惯没有形成。在应用国际体育活动问卷进行阻碍锻炼习惯养成的影响因素和促进锻炼习惯的影响因素的调查过程中，发现选择的题项中，青少年锻炼习惯影响因素的研究不充分，测得的数据不足以佐证影响青少年锻炼习惯的原因，故本文的第五章依据问卷中题项和文献资料中影响锻炼习惯的因素和相关机制对青少年锻炼习惯影响因素理论模型进行了构建，并进行了数据验证，拟进一步对影响青少年锻炼习惯的因素进行深入的研究。

5 青少年体育锻炼习惯养成的影响因素模型建构与验证

5.1 青少年体育锻炼习惯影响因素模型建构的意义

从 1970 年到 1998 年的身体活动研究显示，与青少年相关的身体活动变量是性别、种族、年龄、感知活动能力、意图、抑郁症、社区体育、感觉寻求、父母的支持、来自他人的支持、兄弟体育活动、体育锻炼的机会等（Sallis et al., 2000）。在 1999 年 1 月至 2005 年 1 月对体育活动相关因素的初步审查的更新中，Van der Horst 等人（2007）确定了以下青少年（13～18岁）参加体育锻炼的影响因素，积极参加体育活动与性别、父母的教育态度、自我效能、目标取向、动机、体育、学校体育、家庭影响和朋友的支持呈正相关；种族、社会经济地位、父母的教育与青少年的久坐行为呈负相关。Spink 等人（2006）确定了促进青少年体育活动的相关关系，最常被引用的相关因素是享受、朋友的参与和朋友的支持。

青少年处于发育及成长的关键时期。众多的研究表明，经常参加体育活动能够给青少年带来身体的、心理的和社会健康的益处；能够帮助青少年形成和保持健康的骨骼、肌肉与关节，有助于控制体重、降低体脂肪含量、提高心肺功能；还有助于提高运动技能，有助于预防和控制焦虑和压抑的心理（姒刚彦，1994）。参加体育活动能够给青少年提供自我表现的机会，培养他们的自信心与成就感，促进社会交往和整合以及团结和公平竞争的精神（尹博，2007）。在本书的第二章、第三章已应用文献分析奠定了本部分的理论基础，本章是在文献分析和现状调查的基础上，应用专家问卷法、层次分析法（AHP）、问卷调查法对青少年体育锻炼习惯的影响因素进行理论建模并进行模型验证，拟进一步探究青少年体育锻炼习惯养成的影响因素之间的关系，以期根据模型发现影响青少年体育锻炼习惯因素的内部关系，从而指导理论与实践。

5.2 研究工具和分析方法阐释

5.2.1 影响因素模块划分

以"体育锻炼习惯"为主题在中国知网中进行文献检索，根据软件需要导出文献信息后运用 CitespaceIII（V.5.0.R1.SE）对获得的关键词进行 Pathfinder

分析，结果发现，国内学者对体育锻炼习惯的研究中，"体育锻炼""影响因素""习惯养成"和"终身体育"为频次较高的关键词。再应用高频关键词在CSSCI文献内检索，收集到体育锻炼习惯影响因素研究的代表性文献25篇。结合国际体力活动问卷调查中关于促进和阻碍体育锻炼习惯影响因素相关题项描述内容，经过进一步文献研究确定各维度的框架初步设计，进行体育锻炼习惯养成影响因素理论模型分析（褚昕宇等，2020）。按照个人、学校、社会、家庭因素开放式列出条目，依照理论模型，剔除重合的和相近的条目，形成80个和理论模型中的要素接近的条目。

5.2.2　影响因素条目与AHP赋权方法

5.2.2.1　影响因素条目调整

运用德尔菲法进行了3轮专家调查，第1轮形成了影响青少年参加体育锻炼的因素模型的80个条目，第2轮根据专家评分将问卷条目缩减到32条，构成体育锻炼习惯影响因素问卷（以下简称"问卷"），第3轮请专家对问卷各层级的重要性程度进行标注，用于AHP模型权重赋值。

第一轮：2018年8月，基于问卷中与促进和阻碍体育锻炼习惯养成的影响因素相关的问题条目，编制专家咨询问卷（Van Holle et al., 2015）。访谈10名专家（教授4名，副教授2名，高级教练员（中教高级）2名，一级教师2名），开放式列出条目，依照理论模型，剔除重合的和相近的条目，形成80条目的专家问卷，涵盖个人、家庭、学校和社会四个方面的内容。其中，b代表个人层，共有24条目；c代表家庭层面，共有20条目；d代表学校层面，共有18条目；e代表社会层面，共有18条目。

第二轮：2019年2月，对上述10名专家网络发放专家咨询问卷，访谈过程中请专家对已有的80条因素按照个人、家庭、学校和社会选择分配至四个模块中，采用Likert五级分值法（5点同意/不同意）进行专家问卷调研，依据专家对影响因素的评分，剔除3分以下低分选项，保留32个条目，形成第三轮拟采用的问卷（表5-1）。

表 5-1　得分表各条目的专家打分（n=10）

模块	代码	条目	平均数	标准差	模块	代码	条目	平均数	标准差
个人	b1	体育活动主动性	5.0	0.00	学校	d1	学校的活动场地条件	4.6	0.52
	b2	享受乐趣、舒解压力	4.9	0.32		d2	参加学校的运动社团	4.5	0.71
	b3	结交朋友、拓展社交	3.9	0.99		d3	同伴们参与体育锻炼	3.3	0.82
	b4	个人健身意识	4.7	0.48		d4	学业压力	3.8	0.92
	b5	实现目标的满意感	3.8	0.79		d5	体育老师指导水平	3.2	1.23
	b6	避免运动中受伤	4.7	0.48		d6	学校健康档案	4.6	0.84
	b7	积极的自我评价	4.7	0.48		d7	学校健康教育课程	4.5	0.85
	b8	体育运动乐趣	3.9	0.88		d8	体育教师教学理念	3.5	0.71
家庭	c1	父母喜欢体育活动	4.6	0.52	社会	e1	参加社区的体育社团	3.6	0.70
	c2	父母体育知识与运动习惯	4.6	0.52		e2	每天乘车路程	4.7	0.68
	c3	家庭体育锻炼气氛	4.3	0.82		e3	体育健身信息获得渠道	3.2	1.14
	c4	家庭经济条件	4.5	0.53		e4	商业健身中心	3.7	0.95
	c5	祖辈承担生活照顾	3.7	0.67		e5	政府大型体育活动	4.6	0.70
	c6	亲人的交流与支持	3.2	1.14		e6	健身教练指导	4.3	0.67
	c7	父母受教育程度	3.1	0.99		e7	城市运动设施易得性	4.8	0.63
	c8	父母对子女时间的管理	3.9	0.99		e8	政府对运动的推广程度	3.7	0.82

　　第三轮：2019 年 3 月，请 10 名专家对问卷的准则层中个人、家庭、学校和社会因素四个模块（图 5-1）和指标层 32 条目的重要性两两相比较，按照 1～9 分值的判断标准打分，用于构建 AHP 模型。

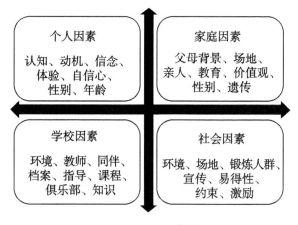

图 5-1　四维因素模型

5.2.2.2 AHP赋权方法简介

这个部分的研究中采用的权重分析方法是国际上应用较为成熟的层次分析法，对青少年体育锻炼习惯影响因素模型进行建构。层次分析法针对所要解决的问题建立起从上而下的层次结构模型，其数据分析主要是基于每名专家对于每一层级各指标之间相对重要性的直观判断，适用于本研究的多方面、多层次指标体系。

在具体的应用时，需要将一个复杂问题按各因素之间的隶属关系从高到低分解为有序的、递阶的层次结构，并进行分层排列，通过收集专家的判断信息，对每个层次、每两个元素之间比较得出相对的重要性判断，进行排序，最后再把各层次定量关系联系起来，从而得到总的排序作为目标决策的依据。

（1）建立层级结构

应用AHP分析体育锻炼习惯影响因素问题，要明确因素的决策问题，并把关键因素条目化、层次化，整理出递阶层次结构。根据本研究体育锻炼习惯的影响因素，把输入的层次分为三个层次。

目标层（最高层）：指问题中需解决的目标，这个目标要求是唯一的，即目标层只能涵盖一个元素。本研究设为体育锻炼习惯的养成。

准则层（中间层）：指目标的模块，作为目标层下的准则层因素。在复杂问题中，影响目标实现的准则可能有很多，根据准则层分解列出措施层（最底层）的影响因素。本部分设置为个人因素、家庭因素、学校因素和社会因素四个维度。

因素层（最低层）：指促使目标实现的措施的具体条目。本层同组因素性质相近，一般隶属于同一个上一层级因素。不同模块因素性质不同，一般隶属于不同的上一层级因素模块。本部分设置为根据专家问卷选择的高分选项，如"参加体育活动的乐趣"等32个条目。条目全部根据层级分布输入AHP分析软件（图5-2）。

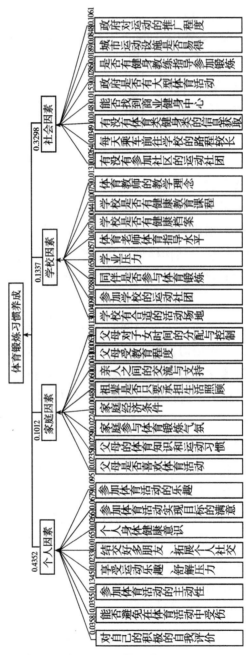

图5-2 体育锻炼习惯影响因素AHP层级输入示意图

（2）构造成对比较矩阵

一般填写判断矩阵可以通过专家问卷或问询的方法完成，请专家基于判断矩阵依次比较其中两个因素哪一个更为重要，重要程度为多少，按照因素之间的重要性程度进行 1～9 分赋值。判断准则依据（经验尺度）：C_s 为评价准则，P_i 为评价因素，则评价判断分值如表 5-2。

表 5-2　AHP 判断分值表

判断尺度	定　义	判断尺度	定　义
1	相对于 C_s 而言，P_i 和 P_j 同样重要	7	相对于 C_s 而言，P_i 比 P_j 重要得多
3	相对于 C_s 而言，P_i 比 P_j 略微重要	9	相对于 C_s 而言，P_i 比 P_j 绝对重要
5	相对于 C_s 而言，P_i 比 P_j 重要	2, 4, 6, 8	界于上述两相邻判断尺度的空间

相对于以上准则，n 个两两被比较的元素构成了一个两两比较矩阵 $A=(a_{ij})_{m \times n}$，则判断矩阵 A 中的元素 a 需具有以下性质：

$$a_{ij}>0, \quad a_{ij}=1/a_{ij}, \quad a_{ij}=1$$

设：体育锻炼习惯影响因素（O）为第一层目标，第二层准则层指标为个人因素（C_1）、家庭因素（C_2）、学校因素（C_3）和社会因素（C_4），个人的体育意识（P_1）、能否主动避免在体育活动中受伤（P_2）……以此类推到政府对运动的推广程度（P_{30}）。

（3）使用 AHP 软件分析

根据专家填写后的判断矩阵 1 至 9 进行计算并排序，输入 YAAHP 分析软件后，得出各指标相对于上一层级准则的相对权重以及各层次因素对总目标的组合权重，最终得出指标体系的赋权分布。若矩阵一致性检验结果显示一致性比例（Consistency Ratio, C.R.）小于 0.1，说明判断矩阵的一致性可接受，判断符合逻辑。相反，若 C.R. 大于 0.1，则认为判断矩阵不符合一致性要求，需要重新对该判断矩阵进行修正。

通过使用 YAAHP 软件分析，得出各层级的 C.R. 和权重。矩阵一致性检验结果显示，目标层体育锻炼习惯养成；准则层个人因素、家庭因素、学校因素和社会因素矩阵的 C.R. 均小于 0.1，说明测得的判断矩阵的一致性可接受，判断符合逻辑。

（4）专家对影响因素赋权

根据 5 位专家对指标的打分情况以及基于社会生态理论的体育锻炼习惯影

响因素层次结构模型中 C 层相对于 O 层（记为 C/O）的比较矩阵如下。分别比较个人因素（C_1）与家庭因素（C_2）这两个因素，专家认为服务中两者同等重要，则输入 $a_{12}=1$；如专家认为个人因素（C_1）比家庭因素（C_2）重要，则需要根据比家庭因素的重要程度输入如表 5-2 中的判断相应分值。

单层排序：求解判断矩阵 Λ 的最大特征值 $\lambda\max$，再根据最大特征值求出相应的特征向量 ω（$\Lambda\omega=\lambda\max\omega$），并将 ω 标准化，即为同一层相对于上一层某一因素的权重，根据此权重的大小，便可以确定该层因素的排序。

一致性检验：取一致性指标 $CI=\frac{\lambda\max-n}{n-1}$，$n$ 为 Λ 的阶数。

随机一致性指标（Random Index, R.I.）如表 5-3 所列。

表 5-3　平均随机一致性指标 R.I. 取值表

矩阵阶数	1	2	3	4	5	6	7	8	9	10
R.I.	0	0	0.53	0.89	1.12	1.26	1.36	1.41	1.46	1.49

令 $C.R.=\frac{CI}{RI}$，若 $C.R.<0.1$，则认为 Λ 具有一致性。

根据权重的大小，便可确定该层因素的排序。

由此得出矩阵，根据矩阵输入 AHP 软件，得出本研究的体育锻炼习惯影响因素一致性比例为 0.0561，C.R.<0.1，认为体育锻炼习惯养成的影响因素模型形成的层次结构模型相对于目标层、准则层元素的比较矩阵一致性满意。

同样将准则层、因素层相应矩阵分值输入 AHP 软件中，求得 C 层元素相对于 O 层权重向量（记为 $\omega^{C/O}$）为

$$\omega^{C/O}=(0.4352, 0.1337, 0.1012, 0.3298)T$$

（5）层次分析法指标赋权

层次总排序及一致性检验。

假定准则层 C_1, C_2,… C_n 排序完成，其权重分别为 a_1, a_2, a_3,…a_n，因素层 P 包含 m 个方案：P_1, P_2,…P_m。其相对于上一层的 C_j（$j=1,2,…n$）对因素层 P 中的 m 个方案进行单层排序，其排序权重记为 b_{1j}, b_{2j},…b_{mj}（$j=1,2,…,n$），则因素层 P 中第 i 个因素 P_i 的总排序权重为

$$\sum_{i=1}^{n} a_i b_{ij}$$

计算方法见下表：

层次 C 层次 P	$C_1\ C_2\ \cdots\ C_n$ $a_1\ a_2\ \cdots\ a_n$	P 层总排序权重
P_1	$b_{11}\ b_{12}\ \cdots\ b_{1n}$	$\sum_{i=1}^{n} a_i b_{1i}$
P_2	$b_{21}\ b_{22}\ \cdots\ b_{2n}$	$\sum_{i=1}^{n} a_i b_{2i}$
$\vdots$	$\vdots\ \ \vdots\ \ \cdots\ \ \vdots$	$\vdots$
P_m	$bm_1\ bm_2\ \cdots\ b_{mn}$	$\sum_{i=1}^{n} a_i b_{mi}$

本研究中 $m=32$，$n=4$。

本部分的 AHP 模型按目标层、准则层、指标层分层排列，形成一个多目标、多层次的模型。同时，通过系统的一致性检验可以对专家打分是否符合逻辑进行二次校准。基于专家对每个条目相对重要性的判断，运用 Yaahp10.3 软件经过 AHP 分析得到结果，对影响体育锻炼习惯养成各因素的权重赋值。表 5-3 显示矩阵一致性检验结果可以接受，专家对 AHP 模型中的权值和模型的一致性进行检验，认为模型的一致性可以被接受。运用 AHP 法对于体育锻炼习惯影响因素进行了赋权，专家打分的一致性比例（C.R.）为 0.0561，个人、家庭、学校、社会的 C.R. 分别为 0.0556、0.0785、0.0335、0.0592，说明判断矩阵的一致性是可以接受的，是符合逻辑规律的，专家对各因素的赋权分别 0.4352、0.1337、0.1012、0.3298。

5.2.3 量表与问卷发放

本文选择自我报告习惯指数量表（Self-Report Habit Index, SRHI）（以下简称量表）和问卷对青少年人群进行调查。问卷采用 5 级评分法赋分，应用"问卷星"进行网络和微信端的发放，网上完成收集。

量表是一种通用的自我报告工具，用于评估习惯强度（Rebar et al, 2018; Verplanken et al, 2003）。它由一个词干（行为 X 是某样东西）组成，后面是 12 个条目。词干可以指代任何行为。研究人员可以根据需要选择将其表述为整体的或详细的，并且可以包括或不包括任何上下文信息（如"Y 条件下的导电行为 X 是某种东西"）。这 12 个项目评估了习惯的各个方面，包括缺乏意识、有意识意图、缺乏控制、心理效率、自我认同感。这些项目根据具体调研要求附有Likert反应量表。为适应特定的行为或环境，本研究将问卷加入的X行为设置为参与体育锻炼行为，在项目7中选择文献中普遍采用的每周参加2～3次30分钟以上体育锻炼作为体育锻炼习惯的描述内容。量表内部可靠性检测的克隆巴赫α系数为0.961。问卷信度检测的克隆巴赫α系数为0.972，其中个体、家庭、学校和社会层面分别为0.944、0.916、0.918和0.930。

根据前文对青少年的界定，考虑青少年群体的复杂性和青少年进行问卷的可行性。研究对象主要选取上海某大学、上海某学院、内蒙古某大学、广东某职业学院4所学校的学生，辅助以网络无差别问卷发放。2019年5月对研究对象发放量表和问卷进行调查，共回收问卷1261份，根据重复选项原则和辨别明显错误选项问卷进行数据清理，保留有效问卷1021份，其中男生问卷405份，女生问卷616份（表5-4）。

表5-4　调查对象人口学特征（褚昕宇等，2020）

名称	男生		女生	
	均值	标准差	均值	标准差
身高（cm）	175.37	14.28	162.98	5.94
体重（kg）	76.40	28.54	59.54	24.87
BMI	23.53	5.68	24.25	3.72
自述睡眠评分（1～10）	7.77	1.95	7.84	1.92
自述健康程度（1～10）	8.06	1.78	7.95	1.64

5.2.4　名称层次聚类分析

Python是一门实用的编程语言，具有动态性和解释性。运用Python 3.6编程语言进行层次聚类（Hierarchical Clustering）分析与可视化分析。使用无监督机器学习中的聚合（Agglomerative）聚类算法，以问卷中指标层32项影响因素的Pearson相关系数（Pearson Correlation Coefficient, PCC）作为输入。聚合法开始时将每个样本各自分到一个类，之后将PCC最相近的两个类合并建立一个新的类，重复此操作直到满足停止条件，得到层次化聚类。而类与类之间连接的计算采用平均法（李航，2019）。运用Python 3.6编程语言进行层次聚类分析与数据可视化。其中，无监督机器学习使用的聚合聚类算法，并依据问卷中指标层32 个条目的 PCC 制作热图。在数据可视化分析中，使用 32 项影响因素的 PCC作为输入，通过 Python 3.6 软件的可视化功能制作了层次聚类图。其中，层次聚类使用了聚合或自下而上（Bottom-up）的统计方法，属于无监督学习（李航，2019）。聚合法开始将每个样本各自分到一个类，之后将相距最近的两类合并，建立一个新的类，重复此操作直到满足停止条件，得到层次化的类别。另外，采用加权平均链接法（Everitt et al, 2011），即两个簇（Cluster）或类之间的距离是由每个簇中的单个个体所组成的所有个体对之间的距离，然后根据每个簇中个体数量的反比来加权簇间距离，该方法也被称为带算术均值的加权对群法（Weighted Pair Group Method with Arithmetic Mean, WPGMA）。其特点为在小簇中的样本比大簇中的样本加权更多，特别是簇的大小不同时有用，见公式（1）。

$$d(u,v) = [(dist(s,v) + dist(t,v)] / 2 \qquad (1)$$

公式（1）中，u 和 v 代表两个不同的类或簇，s 和 t 代表构成 u 的两个不同的类或簇，$dist$ 使用了欧式距离（Euclidean Distance）进行计算，见公式（2）。

$$dist(x,y) = (\sum_{k=1}^{n} |xk - y_k|^2)^{\frac{1}{2}} \qquad (2)$$

公式（2）中，x 和 y 代表两个不同的样本，n 代表空间维度。

5.2.5 验证性因素分析

为了进一步验证体育锻炼习惯影响因素模型的科学性和解释性，运用二阶验证性因素分析对实测数据和理论模型进行验证。①实测青少年被试数据。实测青少年群体问卷（$n=1261$），经数据筛查获得 1021 份有效问卷进行模型验证。②将得到的问卷用 SPSS 进行数据处理计算相关性，进行信效度检验。③根据模型绘制路径分析验证图。④运用 AMOS2 4.0 对数据与理论路径模型适配度进行验证并分析。

5.3 青少年体育锻炼习惯形成影响因素模型分析

5.3.1 体育锻炼习惯养成影响因素理论模型构建与优化

本研究建构的体育锻炼习惯影响因素模型经验证能够预测和指导体育锻炼习惯的形成，个人因素是影响青少年参与养成体育锻炼习惯的最重要因素。根据本研究的路径分析，今后为了促进青少年形成体育锻炼习惯，应该在政府层面大力推广体育运动，形成城市大型赛事氛围，并且增加对体育锻炼的宣传，使得青少年获得体育锻炼信息，加强城市建设过程中体育锻炼设施的建设以及体育场地设施和指导员的易得性，从社会角度促进青少年体育锻炼习惯的养成；在学校方面，要使学校的健康档案完备、体育社团丰富、同学共同参与体育锻炼的气氛形成；在家庭方面，要更好地开发家庭体育的优势，开展社区体育活动，发挥亲属、父母促进青少年体育活动的作用。在社会、学校、家庭的共同影响下，个人可以在体育锻炼中获得陪伴，在学校和社会的体育场地中获得体育锻炼的满足感，形成主动参与体育锻炼的内部动机，从学校和社会渠道获得对自己身体的认知和体育锻炼的相关知识，主动地参与体育锻炼，最终形成体育锻炼习惯。

本研究根据相关理论基础和文献的研究将体育锻炼习惯的形成影响因素分为四个模块，即个人、学校、家庭、社会四个方面，进行影响因素的分析。在对青少年的调查中加入了 32 条目调查影响因素的权重拟合后，结合体育锻炼习惯报告指数量表分析体育锻炼习惯形成的因素理论模型。

5.3.2 专家对体育锻炼习惯影响因素赋权

本研究应用软件进行 AHP 分析，得出各层次的一致性比例和权重值（表5-5）。矩阵内部一致性检验结果显示，目标层体育锻炼习惯养成、准则层个人因素、家庭因素、学校因素和社会因素的矩阵的一致性比例 C.R. 均小于 0.1，说明判断矩阵一致性可接受，判断符合逻辑规律。

表 5-5　AHP 层级指标一致性、权重

层级	条目	一致性比例	权重	Λmax
目标层	体育锻炼习惯养成	0.0561	1.0000	4.1497
准则层	个人因素	0.0556	0.4352	8.5488
准则层	家庭因素	0.0785	0.1337	8.7747
准则层	学校因素	0.0335	0.1012	8.3308
准则层	社会因素	0.0592	0.3298	8.5843

对青少年体育锻炼习惯养成的影响因素问卷进行处理，专家对模型中的赋权值和模型的一致性等进行检验，发现模型一致性可接受，但是赋权排序为个

人、社会、学校和家庭。个人因素是最关键因素，而社会因素被青少年认为是影响体育锻炼习惯养成的次重要因素。

从对各层级条目的权重评分中可以看出，专家认为政府对运动的推广程度、参与体育活动的主动性、参加体育活动的乐趣、城市运动设施的易得性和参加体育活动的满意感是影响体育锻炼习惯产生的最主要因素；参加学校运动社团、每天乘车前往学校的路程较长和能避免在体育锻炼中受伤等因素是次主要因素。专家认为在青少年体育锻炼习惯的养成过程中，个人因素是最主要因素，学校和家庭的影响对于青少年养成体育锻炼习惯影响的程度排序较后。青少年体育锻炼习惯形成的影响因素模型见图5-3。

依据AHP模型的权值高低，判断准则层中个人层面是首要因素，社会层面是第二要素，而学校和家庭层面对于青少年形成体育锻炼习惯的影响程度依次递减，构成AHP模型（表5-6）。从专家对各个层面中各条目的权重评分中可以看出，个人层面中的结交朋友、拓展社交、积极的自我评价、体育活动乐趣，以及社会层面中的城市运动设施易得性和政府对运动的推广程度是最为重要的影响因素；而个人层面中的参与体育活动的主动性、享受乐趣、舒解压力，学校层面中的学校的活动场地条件，以及社会层面中的每天乘车路程是次要影响因素。

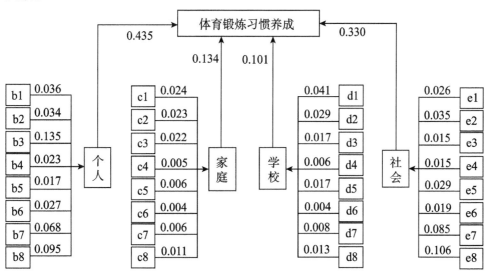

图5-3　AHP赋权青少年体育锻炼习惯影响因素模型

表5-6 AHP模型的构成与权重构成（根据AHP模型数据导出）

一级指标	权重	二级指标	权重	三级指标	权重	代码
体育锻炼	1.0000	个人	0.4352	参与体育活动主动性	0.0823	b1
习惯养成				享受乐趣、舒解压力	0.0770	b2
				结交朋友、拓展社交	0.3091	b3
				个人健身意识	0.0535	b4
				实现目标的满意感	0.0379	b5
				避免运动中受伤	0.0611	b6
				积极的自我评价	0.1560	b7
				体育活动乐趣	0.2185	b8
		家庭	0.1012	父母喜欢体育活动	0.2322	c1
				父母体育知识与运动习惯	0.2263	c2
				家庭体育锻炼气氛	0.2213	c3
				家庭经济条件	0.0474	c4
				祖辈承担生活照顾	0.0593	c5
				亲人的交流与支持	0.0405	c6
				父母受教育程度	0.0623	c7
				父母对子女时间的管理	0.1117	c8
		学校	0.1338	学校的活动场地条件	0.3057	d1
				参加学校的体育社团	0.2152	d2
				同伴们参与体育锻炼	0.1233	d3
				学业压力	0.0426	d4
				体育老师指导水平	0.1248	d5
				学校健康档案	0.0329	d6
				学校健康教育课程	0.0561	d7
				体育教师教学理念	0.0987	d8
		社会	0.3298	参加社区的体育社团	0.0800	e1
				每天乘车路程	0.1058	e2
				体育健身信息获得渠道	0.0449	e3
				商业健身中心	0.0464	e4
				政府大型体育活动	0.0867	e5
				健身教练指导	0.0573	e6
				城市运动设施易得性	0.2571	e7
				政府对运动的推广程度	0.3217	e8

5.3.3 赋权前后体育锻炼习惯养成因素和SRHI回归分析

本研究运用SPSS对数据进行整理，将层次分析赋权前后的体育锻炼习惯养成因素总分和自我报告习惯量表编程输入软件，得出直线线性回归方程并绘图，以验证模型；并将个人、家庭、学校和社会各因素和自我报告习惯量表分值进行了相关分析，进一步验证本研究构建的青少年体育锻炼习惯影响模型。

为了更好地验证模型的有效性，笔者将AHP赋权前后的体育锻炼习惯养成因素问卷的数值分别输入了软件，进行一元一次回归验证。研究结果发现，赋权前的数据已经和自我报告的体育锻炼习惯形成回归关系，说明模型的制定符合自我锻炼习惯报告指数的发展。从图5-4中可以看到，左侧的回归方程图是根据原始数据得出，样本数值呈现线性回归特点（R^2=0.33），说明本研究构建的锻炼习惯养成因素条目选择符合自我锻炼习惯指数量表数据规律；右侧的图是研究数据根据AHP赋权后计算而得的数据，其数据线性回归系数更高（R^2=0.59），说明锻炼习惯养成因素模型数值可以很好地预测青少年的自我体育锻炼习惯情况，可以通过改变青少年体育锻炼习惯养成影响因素的优劣来引导青少年体育锻炼习惯的养成。

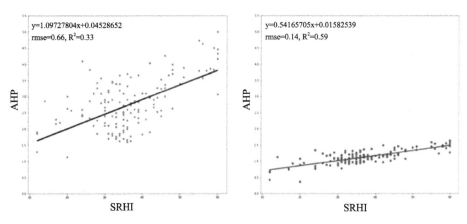

图5-4　AHP赋权前（左）后（右）直线线性回归图

5.3.4 体育锻炼习惯养成影响因素与自我报告习惯指数量表调查结果

应用体育锻炼习惯养成因素问卷和自我报告习惯指数量表对青少年发放问卷进行调研以验证模型。此次问卷主要是为了考查构建的体育锻炼习惯养成模型是否能和自我报告习惯指数量表测得的数据形成线性关系。2019年5月，笔者对青少年发放量表和问卷，共回收问卷 1261 份，根据重复选项原则和明显错误选项问卷进行剔除，保留有效问卷 1021 份。

5.3.4.1 各因素和自我体育锻炼习惯系数的相关系数分析

在 AHP 赋权中，个人因素以 0.4352 的权重排在了体育锻炼习惯影响因素中间层的第一位，说明个人因素一直以来都是体育锻炼习惯养成的最重要因素。而在体育锻炼习惯养成的理论模型中，个人因素是可以用主动参与体育锻炼的内部动机、体育锻炼的满意感、自我效能等因素来解释的，故这些因素也在影响青少年形成锻炼动机过程中起着非常重要的作用。运用 SPSS 对个人因素和自我报告习惯指数做相关分析（表 5-7），发现相关系数为 0.795，$P<0.01$，说明个人因素在体育锻炼习惯养成中尤为重要。一般来讲，我们认为青少年的体育锻炼习惯会和学校的相关系数最高，而在本研究中，学校、家庭、社会对体育锻炼习惯系数的关系均为有显著的正相关（$P<0.01$），系数分别为 0.504、0.504 和 0.481，说明体育锻炼习惯养成影响因素模型的各影响因素均能很好的预测体育锻炼习惯的形成。

表 5-7　SRHI 得分与准则层相关性分析

	SRHI	个人	家庭	学校	社会
SRHI	1				
个人	0.795**	1			
家庭	0.504**	0.601**	1		
学校	0.504**	0.652**	0.658**	1	
社会	0.481**	0.574**	0.671**	0.754**	1

注：**代表 $P<0.01$

5.3.4.2 体育锻炼习惯养成影响因素因子分析

提取方法：主成分分析法。旋转方法：凯撒正态化四次幂极大法，旋转在 5 次迭代后已收敛。

本部分运用体育锻炼习惯影响因素问卷数据进行分析，拟从数据中发现各变量对体育锻炼习惯的解释程度。KMO 系数为 0.964，巴特利特球形检验显著性 $P<0.000$，因子载荷累积贡献率 66.141%，四个公因子能很好地反映原始指标变量的大部分信息，正交旋转矩阵因子载荷如表 5-8 所列。

表 5-8 旋转后主成分矩阵

条目	社会	个人	学校	家庭
参与体育活动主动性		0.719		
享受乐趣、舒解压力		0.746		
结交朋友、拓展社交		0.666		
个人健身意识		0.606		
实现目标的满意感		0.692		
避免运动中受伤		0.480		
积极的自我评价		0.616		
体育活动乐趣		0.692		
父母喜欢体育活动			0.540	
父母体育知识与运动习惯			0.583	
家庭体育锻炼气氛			0.551	
家庭经济条件			0.536	
祖辈承担生活照顾			0.465	
亲人的交流与支持			0.439	
父母受教育程度			0.505	
父母对子女时间的管理			0.459	
学校的活动场地条件				0.585
参加学校的体育社团				0.345
同伴们参与体育锻炼				0.268
学业压力				0.478
体育老师指导水平				0.460
学校健康档案				0.434
学校健康教育课程				0.033
体育教师教学理念				0.180
参加社区的体育社团	0.805			
每天乘车路程	0.663			
体育健身信息获得渠道	0.829			
商业健身中心	0.780			
政府大型体育活动	0.817			

条目	社会	个人	学校	家庭
健身教练指导	0.773			
城市运动设施易得性	0.810			
政府对运动的推广程度	0.789			

从因子分析的结果可以看出，社会因素的系数普遍较高，也是第一个被明显区分出的因素，个人因素其次，而后是学校因素和家庭因素。这说明在本研究所测的被试的体育锻炼习惯养成的影响因素中，社会因素为首要影响因素，个人为第二影响因素，而后是学校和家庭因素。

5.3.4.3 体育锻炼习惯养成影响因素模型验证

对数据进行结构方程模型验证分析，首先需要判断数据是否服从正态分布。判断数据是否服从正态分布，有两个判断项目。本研究应用SPSS对数据进行正态检验，发现数据个人模块峰度的绝对值在 0.052 与 0.308 之间，偏度的绝对值在 0.042 与 0.324 之间；家庭模块峰度的绝对值在 0.024 与 0.313 之间，偏度的绝对值在 0.035 与 0.176 之间；学校模块峰度的绝对值在 0.021 与 0.127 之间，偏度的绝对值在 0.009 与 0.370 之间；社会模块峰度的绝对值在 0.025 与 0.328 之间，偏度的绝对值在 0.002 与 0.180 之间。正态检验说明，测得的数据符合正态分布，适合进行二阶验证性因素分析。

本章应用验证性因子分析，使用SPSS-AMOS24.0统计软件检测，使用最大似然估计法进行模型计算（图 5-5），模型适配度指标参考吴明隆（2010）提出的判断标准。模型卡方自由度比值在可接受的范围内（< 5），RMSEA值为 0.054，模型适配合理，GIF值为 0.902（>0.90），说明模型可接受，模型的系数有效，能很好地反映各因素之间关系。潜变量的组合信度（CR）可以根据标准化回归系数（因子载荷系数）估计值计算出，一般认为CR值的判断标准是 ≥ 0.7（Podsakoff et al., 1997；Eid, 2000；Borsboom et al., 2004）。

应用AMOS进行模型计算，以最大似然法得出模型系数（表 5-9、表 5-10），个人、家庭、学校、社会四个因素标准化后的系数分别为 0.751、0.800、0.947 和 0.891，系数均高于 0.6，表示各因素模型都对体育锻炼习惯有着很高的解释性，说明这四方面是影响青少年体育锻炼习惯形成的重要因素。从各题项的因子载荷方面判断，各题项因子载荷均大于 0.5，可见各题项的因子

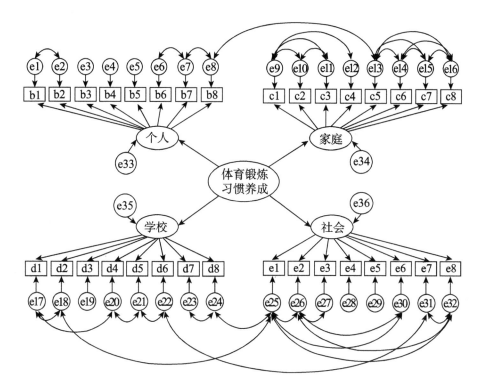

图5-5 影响因素模型验证图（32连线）

载荷均可以很好地预测体育锻炼习惯养成。以 0.8 作为载荷因子的考查标准来看，个人因素中避免在体育活动中受伤、拓展社交和参与体育锻炼的乐趣为因子载荷较大的因素，社会因素中大型体育活动、城市体育活动设施易得性和政府体育活动推广程度都是能够影响青少年体育锻炼习惯养成的重要因素，家庭因素中父母的体育知识、体育锻炼行为、家庭体育锻炼气氛和经济条件也被认为是影响青少年体育锻炼习惯形成的重要因素。

表5-9 32条目模型未标准化和标准化回归系数

	未标准化系数	标准化系数		未标准化系数	标准化系数
个人 <– 锻炼习惯	1	0.751	学校 <– 锻炼习惯	1.016	0.947
b1<– 个人	1	0.812	d1<– 学校	1	0.612
b2<– 个人	1.037	0.87	d2<– 学校	1.268	0.713
b3<– 个人	1.024	0.835	d3<– 学校	1.291	0.719
b4<– 个人	0.948	0.795	d4<– 学校	1.291	0.781

	未标准化系数	标准化系数		未标准化系数	标准化系数
b5<- 个人	1.037	0.884	d5<- 学校	1.213	0.775
b6<- 个人	0.64	0.586	d6<- 学校	1.213	0.734
b7<- 个人	0.766	0.696	d7<- 学校	1.004	0.579
b8<- 个人	0.973	0.861	d8<- 学校	1.228	0.731
家庭 <- 锻炼习惯	0.901	0.8	社会 <- 锻炼习惯	1.094	0.891
c1<- 家庭	1	0.816	e1<- 社会	1	0.767
c2<- 家庭	1.052	0.871	e2<- 社会	0.814	0.569
c3<- 家庭	1.043	0.863	e3<- 社会	1.017	0.806
c4<- 家庭	1.073	0.874	e4<- 社会	0.998	0.77
c5<- 家庭	0.764	0.618	e5<- 社会	1.068	0.833
c6<- 家庭	0.654	0.503	e6<- 社会	1.047	0.768
c7<- 家庭	0.850	0.702	e7<- 社会	1.034	0.828
c8<- 家庭	0.873	0.736	e8<- 社会	1.058	0.818

表 5-10 各题项的直接效应和间接效应

题项	直接效应	间接效应	题项	直接效应	间接效应	题项	直接效应	间接效应	题项	直接效应	间接效应
b1	1	0.61	c1	1.032	0.653	d1	0.827	0.579	e1	1.034	0.684
b2	1.037	0.654	c2	1.085	0.697	d2	1.049	0.675	e2	0.841	0.507
b3	1.024	0.628	c3	1.076	0.691	d3	1.068	0.68	e3	1.051	0.718
b4	0.948	0.597	c4	1.107	0.699	d4	1.066	0.739	e4	1.032	0.686
b5	1.037	0.665	c5	0.788	0.495	d5	1.069	0.734	e5	1.105	0.742
b6	0.64	0.44	c6	0.675	0.403	d6	1.004	0.695	e6	1.083	0.684
b7	0.766	0.523	c7	0.877	0.562	d7	0.831	0.548	e7	1.07	0.737
b8	0.973	0.647	c8	0.901	0.589	d8	1.016	0.692	e8	1.094	0.728

5.3.4.4 体育锻炼习惯养成影响因素模型适配与调整

5.3.4.4.1 影响因素32条目验证性因子适配

本研究运用AMOS 24.0最大似然估计法对数据进行验证性因子分析，模型适配度指标参考吴明隆（2010）提出的判断标准。由于32个条目的AHP模型拟合指标相对较差，需要对模型做进一步修正。如图5-6所示，删除因子载荷相对较低（<0.6）但修正指标卡方值较高（>20）的7个条目，包括b6、b7、c5、c6、d1、d7和e2，得到25个条目的结构模型，随后假设e7与e8、e11与e12、e15与e16、e16与e17具有共变关系，修正后进一步提高模型拟合度。

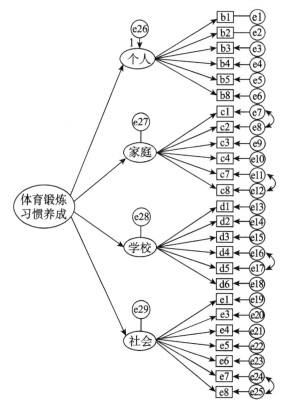

图5-6　结构模型验证图（25条目）

5.3.4.4.2 基于准则层分类的32项因素聚类分析

应用Python将指标层32条目依据准则层四个模块的分类进行颜色标记，使用聚合聚类算法制作层次聚类图，如图5-7所示。

如果在红色虚线（欧式距离值为29.7）进行截断（Cut-off），删除b6、b7、c5、c6、d1、d7和e2共7个条目（见图5-7中X标记），保留剩余4个聚类模块的 25 条目，同样可以得到与前述结构方程模型的验证结果相一致的 25 条目（图 5-7）。其中，学校模块的条目 d1、d7 发生聚类错误，社会模块的条目 e2 和个人模型的条目 b6、b7 以及家庭模块的 c5、c6 与各自模块其他条目的聚类效果比较差。此外，依据层次聚类算法得到的 32 条目聚类结果，删除各个层面中聚类效果较差的条目，即删除最后一个或最后两个归类到各个层面的影响因素，同样得到 25 个条目的聚类结构模型（图 5-8）。

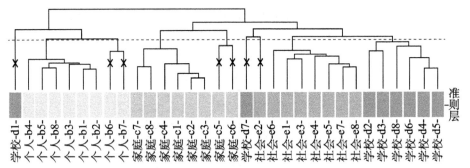

图 5-7　基于准则层分类的 32 项因素相关系数聚类热图

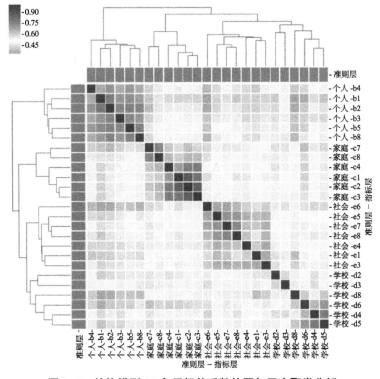

图 5-8　结构模型 25 条目相关系数热图与层次聚类分析

与结构方程IM值（>20）调整相比，应用聚类分析的方法可以清晰地看出哪些条目可能存在偏差。如表5-11所列，修正后模型卡方与自由度比值在可接受的范围内（小于5），RMSEA值为0.061，模型适配合理，GFI值为0.907（大于0.9），表明模型可以接受，模型的回归系数有效，能够较好反映各个影响因素之间的关系。因此，基于准则层四个模块分类的聚类效果与结构方程模型的验证结果相一致，表明本研究中采用的问卷所选取的各个题项均有良好的设计效果，能够形成较好的聚类效果。此外，青少年体育锻炼习惯养成影响因素的各条目之间呈正相关，经验证后得到的25条目依据准则层四个模块的颜色标记聚集在一起，形成明显的模块分布（图5-8；深色表示PPC高于0.5）。

表5-11　结构模型拟合指标一览表

	x^2	CN	x^2/df	RMSEA	CFI	NFI	IFI	GFI	AGFI	PGFI
判断值	P > 0.05	> 200	< 5.00	< 0.08	> 0.90	> 0.90	> 0.90	> 0.90	> 0.50	> 0.50
32 连线	1699.388	431	3.943	0.054	0.951	0.936	0.951	0.902	0.813	0.736
32 原始	3592.819	460	7.810	0.082	0.879	0.864	0.879	0.785	0.754	0.684
25 优化	1274.751	267	4.774	0.061	0.953	0.941	0.953	0.907	0.887	0.745

在指标权重确定方面，AHP难以克服主观赋值的弊端，因此，需要进一步验证补充。相反，本研究中运用层次聚类算法，其研究对象是数据，从数据出发，提取数据的特征。而聚类的目的是通过得到的类或簇来发现数据的特点，属于无监督机器学习，依据样本的相似度或距离将其进行归类，类或簇事先并不知道。值得关注的是，本研究中使用的层次聚类算法能够得到与经典的结构方程模型一致的效果，并且该方法通过可视化分析有助于我们更加直观地分析数据。这也拓展了对于类似本研究的多层相关因素的分析方法，可能为进一步分析体育锻炼习惯影响因素这类复杂问题提供了新的手段。在模型验证部分，根据问卷数据分析得出体育锻炼习惯影响因素模型图（图5-9），图中可见各影响因素对体育锻炼习惯均有较强影响（>0.6），25个题项的影响因素被认为是影响体育锻炼习惯养成的核心影响因素，能够在一定程度上影响青少年体育锻炼习惯的养成。

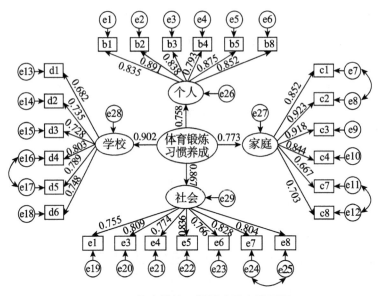

图 5-9 体育锻炼习惯影响因素模型图

值得关注的是，分层聚类的无监督数据拟合和探索性因子分析的结构吻合，说明本文所构建的青少年锻炼习惯影响因素模型稳定，数据特征可靠，其系数可用来推断在实际情况下青少年锻炼习惯影响因素作用的程度和干预手段对于青少年的敏感性程度。

5.3.4.5 体育锻炼习惯与各影响因素路径模型

应用个人、家庭、学校、社会和 SRHI 做回归分析，得出各影响因素之间回归系数和一元回归 R 值。从调整后的 R^2 可以看出，回归方程系数得到较好的水平（表 5-12），均大于 0.5，决定系数 R^2 体现了线性波动能解释的模型变异性所影响的百分比，越接近 1 影响越大。所说明了各影响因素和体育锻炼习惯之间的直接影响的关系。根据本文获得的青少年锻炼习惯影响因素模型的数据显示，个人因素、家庭因素、学校因素和社会因素可解释的促进锻炼习惯养成程度变化分别为 72.4%、53.7%、65.7% 和 62.4%。Higgins 等人（2003）在研究指出，身体技能和健康、环境属性、工具、机会、主观规范、意图和父母信仰的影响因素等均可以预测自我效能和身体活动水平，并且其影响因素之间亦有相互影响作用。根据标准化系数绘制模型图（图 5-10），图中可见各因素之间均有相应的影响关系。根据本研究的数据，学校因素对个人因素是负向的影响，说明青少年在形成体育锻炼习惯的过程中，学校可能对个人在体育中感受的乐趣或个人满意感等方面有负向的影响，亦可能是由于学业压力引起的对个人参与体育锻炼的意图的影响。其中，社会和学校、社会和家庭之间的关系系数较高且均是正向的影响。其余的影响因素之间都有着相互的影响，说明体育锻炼习惯影响因素中各模块的影响因素之间均有联系，影响体育锻炼习惯的因素之间有复杂性关系。

表 5-12　各影响因素间回归系数列表

	R	R^2	调整后的 R^2
个人	0.851	0.725	0.724
家庭	0.734	0.539	0.537
学校	0.811	0.656	0.657
社会	0.791	0.626	0.624

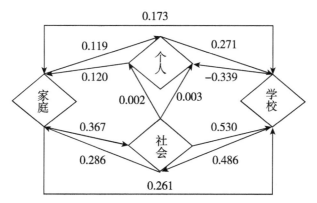

图 5-10　体育锻炼习惯各影响因素之间路径系数图

5.4　体育锻炼习惯养成影响因素数据结果讨论

通过专家的赋权构建 AHP 模型，对模型中的赋权值和模型的一致性等进行检验，模型一致性可接受，赋权排序为个人、社会、学校和家庭，建构的青少年锻炼习惯影响因素模型合理可靠，形成的青少年锻炼习惯影响因素问卷可作为工具开展后续研究。

通过验证性因子分析模型发现，个人层面中结交朋友、拓展社交，实现目标的满意感和体育活动乐趣；社会层面中城市运动设施易得性，体育健身信息获得渠道，政府大型体育活动和对运动的推广程度；家庭层面中父母是否喜欢体育活动，父母体育知识和运动习惯，家庭体育锻炼气氛和家庭经济条件，都是载荷较大的影响因素，也是影响青少年体育锻炼习惯养成的重要因素（吴明隆，2010）。

依据层次聚类分析结果对影响因素 32 条目模型进行修正，可以提供较好的模型拟合度，并具有易于解释和直观的可视化效果，本研究得出的影响因素模型中的 25 题项测得影响因素均能很好地促进体育锻炼习惯的形成。

模型路径分析发现，青少年的体育锻炼习惯影响因素是多方面、多角度的，影响因素之间的关系较为复杂。多维度、多层次、多角度的影响因素是今后的研究方向。学校因素、社会因素、家庭因素和个人因素均对体育锻炼习惯有着重要的影响。

对模型内的影响因素进行内部关系分析发现，模型内的个人、家庭、学校和社会因素各模块之间均存在着相互影响，进一步说明了四个影响因素之间复杂的互动关系。

5.5 青少年体育锻炼习惯养成路径理论分析

5.5.1 青少年体育锻炼习惯影响因素的理论框架

本研究根据文献综述对体育锻炼习惯养成的影响因素进行了研究，根据体育锻炼习惯的形成机制、计划行为理论、跨理论模型、社会生态理论等进行理论基础分析。Jo-Hanna Planchard（2018）应用跨理论模型将影响身体活动的因素确定为与生理、心理和环境方面有关的障碍和促进因素。例如，生理和心理需求、久坐工作、压力调节、身体状况、社会关系等因素。

自我相关变量已被确定为与健康行为相关的有价值的调查结构（Contrada & Ashmore, 1999）。一般在既往的研究中，一个变量是个人变量，也称为自我变量；另一个是社会心理变量，也称为社会变量或环境变量（e.g. Anderson et al., 1998; Petosa et al., 2003; Storer et al., 1997）。认同理论认为，个体以一种与他们的目标认同相一致的方式调节他们的行为（Gecas & Burke, 2003）。社会认知理论提供了一种测量社会认知的方法，这种方法在相对于身份的行为调节中可能很重要。此外，自我效能感信念可能会影响个体在调整身份和行为时的持久性。

张贵婷等（2008）对大学生体育锻炼习惯的影响因素进行了研究，将其对形成体育锻炼习惯的影响权重按照大小排序，依次为"高校体育教学""大学生自身需求""大学生对体育锻炼认知""大学生的个人条件和兴趣""学校体育管理制度"和"学校体育设施和体育锻炼氛围"。

姚远等人（2016）研究提出，家庭社会经济地位与青少年健康之间的关系随青少年健康指标的不同而变化。具体来看，健康指标和心理健康呈正相关，父母受教育程度对于健康指标的不同无显著影响，推断可能是因为人均收入高的家庭更能够给孩子提供优越的物质和文化资源，从而促进了其心理的健康发展。就家庭背景而言，胡鹏辉（2019）在研究中同样发现，父母受教育水平越高，其对于子女参与体育锻炼的要求和支持的意愿也越强。当前我国城市社区的体育设施日趋完善，全民健身中心、健身步道、健身广场和公园的体育配套设施等能够为青少年提供良好的健身条件和环境。个体、学校、家庭、社会和政府五个层面对于青少年的体育锻炼行为均有重要的影响，这五个层面也将是我们促进青少年体育锻炼行为的重要方面。（苏晓红等，2017）

基于对上述理论和文献的研究，形成了本研究的理论框架。图 5-11 是本研究划分的青少年体育锻炼习惯养成理论模型，即青少年体育锻炼习惯养成的理论框架。如图 5-11 所示，青少年体育锻炼习惯养成的过程是一个多种要素相互作用的过程，在发展青少年体育锻炼习惯时，既要考虑个人的个性特质，又要关注家庭背景、学校环境和社会环境的共同作用，使人们有更多参加体育活动的体验，参与体验再进行强化，在体育活动过程中得到各种需求的满足，而后泛化为内在的动机，使其能够维持参加体育活动的效果，从而通过持续的体育锻炼达到健康的目标。

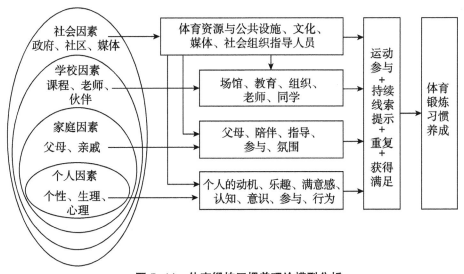

图 5-11　体育锻炼习惯养理论模型分析

一个人的个人因素（性别、年龄、文化程度、心理特征等）、家庭背景（父母的体育认知、父母的体育参与等）、学校环境（运动场地、设施、伙伴等）、社会环境（城市的交通、社区环境、体育设施的易得性等）均会影响其对体育的认知，主要在体育锻炼习惯的产生阶段起主导作用；在意愿向行为转化过程中，参与体育活动的项目和活动方式影响参与体育活动的主动性、信念和目标。另外，个人的主观感受和体验及对自己的身体的认知，在参与体育活动的过程中，对其身心产生正面或负面或中性的影响，会进而对个体整体生活满意度、运动参与满意度以及运动效率产生影响，这就促进或者抑制了体育锻炼习惯的形成。体育参与者对运动效果的主观认知会进一步反馈，再影响其对体育活动的认知以及参与体育活动的动机、期望与兴趣爱好，并支配其运动行为形成体育锻炼习惯。

5.5.2 聚类因子分析验证了模型的合理性

问卷调查中，影响体育锻炼习惯养成的因素大多是关注个人层面的条目，不能完全体现影响体育锻炼习惯形成的因素（吴明隆，2010）。社会生态模型认为，个人健康行为受到多层次、多方面因素的影响，并且不同层次的影响因素之间存在交互作用。然而，近期的研究受限于所采用的研究手段与分析方法，没有充分考虑这种层与层之间的依赖关系，即环境（远端）层面是通过作用于个人（近端）层面对体育锻炼习惯产生影响的，只是对各个层面间的相关性进行分析，因而该方法更类似于本研究中所采用的AHP。为此，本研究首先运用AHP构建理论模型。该方法假设影响青少年体育锻炼习惯养成（目标层）的因素分为个人、家庭、学校与社会四个模块（准则层），各个模块的影响因素互相独立，即指标层的每个影响因素只属于某一个模块，各个模块均不包含共同影响因素。

在指标权重确定方面，AHP作为一种主观赋权法，需要通过实证研究或验证性因素分析对实测数据与评估理论模型适配程度进行验证。随后，本研究中运用的层次聚类算法研究对象是数据，从数据出发，提取数据的特征。本研究依据层次聚类分析结果对AHP模型进行修正，同样可以提供较好的模型拟合度，并具有易于解释和直观的可视化效果。最终研究数据成为本章分析青少年体育锻炼习惯养成影响因素的重要依据，并应用统计方法验证了模型的合理性。

5.5.3 个人因素与青少年体育锻炼习惯的养成

体育锻炼习惯的形成过程受到诸多因素的影响，本研究依据相关理论认为个人层面（近端）是影响青少年体育锻炼习惯养成的首要因素。在体育锻炼习惯形成过程的初期阶段，即体育锻炼意识或意图产生之前，青少年必然受到家庭、学校、社会环境（远端）的影响。依据计划行为理论，这个阶段的大学生会受到自主动机、主观规范、态度和知觉行为控制的影响，从而形成参加体育活动的意图（李京诚，1999；Hagger et al.，2014）。在意图产生后，内隐态度和内隐动机便会对体育锻炼行为产生促进作用。只有在体育锻炼者形成内部动机后，家庭、学校和社会的影响才能随之进一步促使青少年养成良好的体育锻炼习惯。因此，专家对 AHP 模型中个人层面的条目赋予了很高的权值（0.435），表明专家普遍认为个人层面是影响青少年体育锻炼习惯养成的首要因素。这也与多数研究结果一致，认为社会生态模型中个人层面提供了最大贡献（Giles et al.，2002；McNeill et al.，2006；Sallis et al.，2005）。对于观测条目，专家普遍认为参与体育活动的主动性、乐趣和满足感是权值较高的选项，这表明体育锻炼行为理论模型认为个人的积极参与和主动投入是形成体育锻炼习惯的源头。后续在运动中获得的成就感可以使人们产生发自内心的愉悦和成功的心理体验，这都成为体育参与动力（苏晓红等，2017）。因此需要多开展体育健康教育，培养学生的体育锻炼意识、兴趣和自律性（胡鹏辉等，2019）。

本研究发现体育锻炼习惯影响因素中，能主动地参与体育锻炼、在体育锻炼中获得满意感、在体育活动中实现乐趣一直以来都是高分选项，也是和体育锻炼习惯养成自评系数高相关的条目。参加体育活动的主动性、享受运动乐趣、舒解压力、结交好多朋友、个人健身意识、参加体育活动实现目标的满意感、参加体育活动的运动乐趣均为青少年体育锻炼习惯养成的重要影响因素。能否避免在体育活动中受伤、积极的自我评价在最后的模型适配阶段被剔除，可能是这两项与其他因素的高相关性相比系数稍低。享受乐趣、舒缓压力、实现目标满意感、运动乐趣和参与主动性被认为是个人因素中较为重要的因素。

一个人在参与体育活动的过程中，其感官、知觉、心理和行为会不断地和周围的环境因素产生互动，体育活动参与者从这些互动关系中所得到的感受和经验，称之为体育活动参与体验。在参与体验中会感受到体育活动的乐趣、舒缓压力等，会对体育锻炼习惯的养成形成良性的影响。参与体育活动的满意度与其参与体育活动的频率、参与体育活动过程中所感受的能力水平、内在参与动机、参与的自由选择、参与成本以及与同伴的互动交流呈现高度的相关关系。社会认知理论的自我效能理论和能力需要理论中有很多强有力的证据能够证明这一点。

个人对自己身体状况的了解、是否能避免体育伤害也被选择为影响青少年在体育锻炼习惯形成的因素。对自己的认知程度、能力表现水平，可以从参与活动过程中的生理反应、对环境因素的理解能力、分析评估能力、欣赏能力、角色扮演的胜任能力以及克服困难达成任务的能力等方面去衡量。跨理论模型中达到平衡阶段的理论解读可以证实，青少年只有在对自己的身体情况非常了解的情况下，才能更好地参与体育锻炼，参与之后才能不断重复。

5.5.4 家庭因素与青少年体育锻炼习惯的养成

在家庭因素层面上，家庭中良好的体育氛围可以促进青少年的体育锻炼行为，家庭的经济条件提升可以改善家庭体育锻炼环境，家长体育锻炼意识的增强可以影响子女的体育行为。在儿童的早期生活中，体育活动对儿童的生理和心理社会发展具有重要的作用。最重要的是，让孩子体验广泛的体育活动，自我发起的非正式游戏是一个很好的机会，这可能为儿童提供各种机会，发展积极的体育态度、运动游戏、体育活动，在未来拥有一个更积极的生活方式（Cooper & Doherty，2011）。研究表明，父母对孩子的体育活动有影响，因此家庭因素是干预体育活动水平的重要考虑因素，然而，值得注意的是，父母的影响程度随着研究对象的年龄而波动（Janie et al., 2012）。家庭经济背景和父母的受教育水平都显著地影响中学生体育锻炼的积极参与，这两者既可以通过交互又可以单独地影响子女的体育行为（胡鹏辉，2019）。家长缺乏参与体育锻炼的意识和习惯也可能是影响子女参与体育活动的重要因素，青少年体育锻炼行为与家庭的体育氛围联系紧密（苏晓红，2017）。研究表明，随着父母每周参加体育锻炼次数的增加（3次及以上），父母体育锻炼行为对青少年身体活动的影响程度相应增加。本研究发现，父母的体育意识和运动习惯、家庭体育锻炼气氛、家庭经济条件、父母对体育锻炼的态度是影响青少年体育锻炼习惯养成的重要因素。

李华禄和杨慧玲（2010）研究认为，父母对体育锻炼的重要性和实用性的观念对青少年体育活动动机和行为有着至关重要的作用。众多的研究表明，家庭经济收入与体育消费水平存在一定的制约关系。董宏伟（2010）对家庭收入情况与青少年子女是否参加有偿体育锻炼进行了卡方检验，结果表明，家庭经济收入对青少年子女参加有偿体育锻炼的影响具有显著性的意义。

在模型的调试阶段，依据数据删除了分数较低的两个因素（祖辈承担生活照顾和亲人的交流与支持），说明在青少年体育锻炼习惯养成影响因素的调查中，这两个因素相比其他因素影响效果较弱。祖辈教养下一代是我国目前在青少年教育过程中存在的社会问题，有待进一步研究；与亲人的交流沟通可能题目太过宽泛，未能在数据中显示出对青少年体育锻炼习惯养成的重要影响。

5.5.5　学校因素与青少年体育锻炼习惯的养成

在学校层面，教学方式、体育教师专业素养和体育教师的教学理念均是影响青少年体育锻炼习惯养成的重要因素。另外，学校体育场地设施是学生参与体育锻炼的物质保障，越靠近城区中心的学校，体育设施条件也越好，其管理越严格，越能够推动中学生参与体育锻炼（何晓龙，2015）。学校是学生学习期间的主要活动场所，因此，学校体育场地、体育教师、同伴等也是影响体育锻炼习惯养成的重要因素。在模型的验证阶段，学生实测数据显示，学校因素是学生感知的影响其体育锻炼习惯养成最重要的因素，考虑到学生个人成长环境中学校教育的全过程覆盖，学生在主观感受中更加重视学校因素对其的重要影响。

学校体育阶段是青少年体育锻炼习惯养成的关键时期。由学校和教师对学生进行全方位的、系统的、有目的的体育教育，是让学生发展身体素质、掌握一定的运动技能与体育相关理论知识，以及学会体育锻炼的方法、培养体育锻炼的意识和习惯的重要教育内容。在青少年体育锻炼养成影响因素AHP的分析中发现，学校因素是除了个人和社会之外的另外一个重要因素。学校因素在权重表示中的高分选项包括参与学校体育社团、同学们参与体育锻炼和体育老师指导水平这几个条目。但在青少年问卷的验证中，学校因素被青少年认为是最重要的因素。现状调查显示，学生体育课、体育社团的作用并未得到很好的发挥，因此，学校应在青少年体育锻炼习惯养成过程中担当起重任。

学校的活动场地条件、参加学校的体育社团、同伴们参与体育锻炼和学业压力条目被认为是系数较高的影响因素，说明青少年更注重对学校场地、同伴和体育参与机会的需求，习惯形成的理论情景线索是形成习惯的重要诱因，故体育场地、器材和身边的伙伴都是产生情景线索的重要因素，对体育锻炼习惯养成的影响较为强烈。而学校健康教育课程、体育教师教学理念两个影响因素虽在本研究的模型调整阶段被剔除，但可能是由于和其他因素相比的相关性或重复性原因导致。

体育场地器材是确保体育教学、课外体育活动正常进行的必不可少的物质条件，直接关系着学校体育工作的开展，也决定着青少年的体育锻炼行为选择。体育教师的水平在体育教学中也有至关重要的作用，本书第四部分的调查也体现了体育场地的易得性和一同进行体育锻炼的人中体育教师的重要促进作用。

在调查中发现，青少年对于体育锻炼的伙伴是有需求的。国际体力活动问卷显示，同学大多是赞同青少年参与体育锻炼的，并且在和青少年一起体育锻炼的人群中也有同学、朋友的选项，是首选和备选的重要选择，说明青少年还是乐于和同学、朋友一起参与体育锻炼的。但是在青少年不能形成体育锻炼习惯的原因的问题中，青少年往往回答说没有人一起进行体育锻炼或是不好意思参加体育锻炼，说明青少年学生的乐群性不够，导致青少年无法经常参与到体育锻炼中来。另外，虽然青少年对于同学、伙伴一起参与体育锻炼有需求，但是由于现代化交通工具的发达和电子信息设备的更新等，越来越多的青少年不需要走出去就可以和朋友交流沟通，使得青少年参与体力活动的机会变少，甚至有的青少年日常"宅"在家中养成了不良的生活习惯。

5.5.6 社会因素与青少年体育锻炼习惯的养成

在 AHP 模型的权重赋值过程中，专家认为社会层面应占据第二重要的位置（0.330）。可以看出，专家认为社会环境对于青少年体育锻炼习惯养成负有较大的责任，并且重视青少年社会化和终身体育发展。从条目上来看，专家认为政府的宣传和城市的建设都应该为青少年体育锻炼习惯养成起到促进作用。其中，健身设施保障主要体现在社区健身器材的地域分布、场馆设施与健身步道的数量及其易得性。研究发现，通过增加居住小区周边运动场地和设施的密度有助于改善青少年中高强度的日常体力活动量（何晓龙，2015）。另外，可以通过政府对公众体育价值观的积极宣传和大力推广以及举办大型体育活动来影响青少年体育锻炼习惯养成。

在路径分析中可以看出，社会因素被认为是本研究中影响体育锻炼习惯形成的最重要因素。在社会因素中，政府大型体育活动的举办、城市运动设施易得性和政府对运动的推广程度是系数非常高（>0.8）的影响因素。参加社区的体育社团、商业健身中心和健身教练指导因素也会对体育锻炼习惯有着很好的影响，但不及上述 4 个因素的影响系数高。每天乘车路程在进行模型调整时被剔除，可能是由于乘车路程长短对体育锻炼习惯的影响不及其他因素显著。

社区是公民生活的主要场所，随着我国城市化进程的逐步发展，社区体育越来越成为人们生活中重要的组成部分，青少年学生亦是社区的一分子。故在青少年体育锻炼习惯形成的过程中，社区的场地、设施等环境和社区体育活动的多样性，可能是影响青少年养成体育锻炼习惯的推动力。要从学校和社会有效体育资源入手，搭建公益性的大众健身网络平台，缩小家庭经济条件因素对青少年生活方式的影响，促进青少年建立健康的生活方式和形成良好的体育锻炼行为习惯（张绍礼，2011）

国内外研究表明，城市环境建设在体育活动和健康上有重要作用（Althoff et al., 2017；陈佩杰等，2014）。美国斯坦福大学的一项研究通过测量和记录全球规模的体育活动，得到一个包括111个国家、71万多人、6800万天的体育活动数据集（Althoff et al., 2017）。分析文献发现，在城市环境建设方面，城市的步行通过性（Walkability）与体育活动中减少性别差异以及体育活动的不平等问题有关。在更适宜步行的城市，体育活动在不同年龄、性别、体重指数分组的人群中增加，特别是女性活动增加的幅度最大。随着研究的逐步深入，期待今后能有更多研究关注城市环境建设对体育锻炼习惯的影响。本研究在社会因素中有一条影响因素是青少年车程路程，其分数水平也和体育锻炼自我锻炼习惯系数报告数据相关。在体育锻炼习惯养成现状调查中发现，青少年每天坐着的时间偏长，而有很多青少年选择坐着做的事是坐车，那么不难看出，城市的生活节奏对青少年体育锻炼习惯的养成有着重要的影响。在影响因素研究中，城市运动设施是否易得也是影响体育锻炼习惯养成的重要方面。

《健康中国"2030"规划纲要》提出，要把健康融入所有政策，达到全方位、全周期保障人民健康，从而大幅度提高健康水平，显著改善健康公平的效果。这说明我国政府已经对健康生活和优化健康服务做了重要的推动工作，也将对青少年的健康有着重要的推动作用。在体育锻炼习惯养成的影响因素的调查中发现，政府对运动的推广、政府是否有大型体育活动也是影响青少年体育锻炼习惯的因素。而国家宣传、文化传播、核心价值观等方面也影响青少年体育锻炼习惯的养成。

值得注意的是，美国麻省理工学院的一项研究发现，体育锻炼者的社交网络对体育锻炼习惯具有重要的影响（Aral et al., 2017）。本研究的调查也发现青少年对于信息的获得渠道已从原来的单一变成了多元，并且倾向于通过电脑、手机登录新媒体获得，因此，考虑了社交传播的干预措施可能会更为有效地影响体育锻炼习惯。

5.6 不同性别、年龄青少年体育锻炼习惯影响因素探析

健康信念模型认为，可以影响人们的健康行为的因素为感知敏感性、感知严重性、感知到的好处、感知到的障碍和改变变量。青少年体育锻炼习惯的形成与保持是对个体健康的激励因素，因此，分析不同年龄、不同性别青少年的锻炼习惯养成影响因素，对于进一步理解青少年锻炼习惯养成的作用机制有重要作用。

5.6.1 不同性别影响因素差异分析

进一步探索青少年体育锻炼习惯影响因素的作用机制，对不同性别做T检验（表5-13）发现，男生和女生在体育锻炼习惯（$P<0.001$）、个人因素（$P<0.001$）、家庭因素（$P<0.001$）、学校因素（$P<0.001$）和社会因素（$P<0.05$）中均体现出显著性的差异。这一结果印证了在前文现状调查中男生体育锻炼习惯养成情况优于女生的论证。为了探究其影响因素的作用机制，进一步对不同性别的各条目影响因素进行了检验，发现除了父母体育知识与运动习惯、家庭参与体育锻炼气氛、同伴一起参与体育锻炼、学校健康档案、每天乘车前往学校路程较长、附近商业建设中心、城市大型体育活动、健身教练指导和政府对运动推广宣传条目没有显著性差异（$P>0.05$）之外，对于其他影响因素，男生均优于女生，说明影响不同性别参加体育锻炼的因素多为个人因素、家庭因素和学校因素，社会因素对性别之间的影响差异不大。

表 5-13 不同性别各影响因素 T 检验

	同质性检验		t 检验			
	F	显著性	t	显著性	平均值差值	标准误差差值
SRHI***	10.335	0.001	7.769	0.000	5.05546	0.65072
个人 ***	4.899	0.027	6.242	0.000	3.74007	0.59914
家庭 ***	25.328	0.000	4.112	0.000	1.68134	0.40888
学校 ***	9.063	0.003	4.296	0.000	1.55846	0.36274
社会 **	14.798	0.000	2.365	0.018	0.93477	0.39532

***表示$P<0.001$，**表示$P<0.01$，*表示$P<0.05$

在对不同性别进行T检验（表5-14）后获得结论，男生和女生在体育锻炼习惯养成现状上确实存在差异，男生体育锻炼习惯优于女生。这样的结论同样适用于前文所述青少年体育锻炼习惯的养成现状，说明在参与体育锻炼的行为习惯方面，男生好于女生的现状普遍存在。在各条目影响因素的检验中发现，社会层面存在显著性差异的条目较少，原因是社会因素对青少年影响是相同的，但在城市运动设施易得性、参加社区体育社团等问题上，男生优于女生，并存在显著性差异，说明男生在社会条件相同的条件下，能够更好地利用城市运动设施、关注政府运动推广信息并较为主动地参与社区体育活动，促使了其体育锻炼习惯的形成。在个人、家庭、学校的其他条目影响因素中，男生和女生显示出了显著性的差异，在家庭体育气氛和父母体育锻炼知识与行动中未体现显著差异，究其原因可能是男生和女生在体育锻炼的个性特质上存在的差异造成的，进一步探索如何使更多的女性参与体育锻炼并形成习惯尤为重要。

表5-14 不同性别影响因素各条目T检验

题项	同质性检验		t检验			
	F	显著性	t	显著性（双尾）	平均值差值	标准误差值
体育活动主动性 ***	36.324	0.000	6.450	0.000	0.41884	0.06493
享受乐趣、舒解压力 ***	9.570	0.002	6.572	0.000	0.41283	0.06281
结交朋友、拓展社交 ***	23.821	0.000	4.715	0.000	0.30758	0.06524
个人健身意识 ***	1.916	0.167	6.349	0.000	0.39968	0.06295
实现目标的满意感 ***	11.150	0.001	4.803	0.000	0.29948	0.06235
避免运动中受伤 **	8.576	0.003	2.801	0.005	0.16402	0.05856
积极的自我评价 ***	8.588	0.003	3.439	0.001	0.20319	0.05908
体育运动乐趣 ***	5.585	0.018	5.057	0.000	0.30467	0.06024
父母喜欢体育活动 **	26.905	0.000	2.712	0.007	0.17245	0.06359
家庭经济条件 **	28.528	0.000	3.366	0.001	0.21422	0.06363
祖辈承担生活照顾 ***	20.217	0.000	4.289	0.000	0.27318	0.06369
亲人的交流与支持 **	4.370	0.037	3.086	0.002	0.20797	0.06740
父母受教育程度 ***	34.862	0.000	5.226	0.000	0.32562	0.06231
父母对子女时间的管理 ***	38.813	0.000	4.474	0.000	0.27422	0.06129
学校的活动场地条件 ***	0.030	0.863	4.199	0.000	0.24067	0.05731

题项	同质性检验		t 检验			
	F	显著性	t	显著性（双尾）	平均值差值	标准误差值
参加学校的运动社团 **	16.186	0.000	2.771	0.006	0.17380	0.06272
同伴们参与体育锻炼 *	22.502	0.000	2.144	0.032	0.13575	0.06331
学业压力 ***	9.214	0.002	4.101	0.000	0.23810	0.05806
体育老师指导水平 ***	11.093	0.001	3.837	0.000	0.22569	0.05882
学校健康教育课程 ***	41.572	0.000	5.335	0.000	0.32252	0.06046
体育教师教学理念 *	18.113	0.000	2.185	0.029	0.13003	0.05951
参加社区的体育社团 **	32.601	0.000	3.209	0.001	0.19696	0.06137
体育健身信息获得渠道 *	23.519	0.000	2.559	0.011	0.15093	0.05899
城市运动设施易得性 ***	12.505	0.000	4.036	0.000	0.23425	0.05804
政府对运动的推广程度 *	24.391	0.000	2.041	0.041	0.12384	0.06067

*** 表示 $P<0.001$，** 表示 $P<0.01$，* 表示 $P<0.05$

付道领（2012）在研究中提出，家庭对青少年体育锻炼行为的干预应充分考虑性别差异。男性群体的体育锻炼水平显著高于女性，这种性别差异与国内外众多研究结果相一致（Fredricks & Eccles, 2005; Caspersen et al., 2000；李华建等, 2018）。Higgins 等人（2003）研究了加拿大青少年的性别、年龄和体育活动之间的关系。研究表明，经检验青少年的体育活动情况在性别和年龄的标准化方差分析中呈现显著特征。一方面，与男性相比，女性的身体活动更少，更担心自己超重，更抑郁，更有可能咨询心理健康专家。另一方面，女性比男性更有可能获得更多的社会支持，更愿意参与社会活动，尽管社会参与的潜在强化效应随着年龄的增长而降低。社会媒体对男运动员的描述多使用战斗式和力量性的词汇，而对女运动员的描述则多倾向于脆弱性和消极性词汇，有时甚至是突出了男性的胜利和女性的失败形象（Christeen et al., 2001）。在社会生活中，人们有意识地建构和维持了一种固化的社会性别秩序，更加固化了人们传统的性别刻板印象（杨雪等, 2014）。因此，这种性别的差异在人们生活的方方面面体现出来，也必将影响青少年的体育观念和参与体育锻炼的意识。在前文的调查中也发现，男生多对自己的体重较为满意，往往希望再重一些，而女生则多希望自己轻一些，这也体现了女生可能存在希望自己体重较轻、较弱小的观念，从而不愿意参加竞技性或强度较大的体育活动。

5.6.2 不同年龄段影响因素差异分析

在对于不同年龄段的进一步检验中发现，不同年龄段的青少年在体育锻炼习惯、个人因素、家庭因素和学校因素方面均存在差异（表5-15）。从图5-12可以看出，个人和家庭因素在青少年年龄较小的时期分数较高，而学校因素从他们13～15岁的较低水平到16～18岁达到峰值，说明学校对青少年的影响在高中时期最为关键。高中时期是青少年人生的关键期，这一时段青少年感知到的来自学校的影响最为强烈。而社会因素的影响从13～15岁到22～25岁逐步增强，但在社会因素方面，各年龄段对其影响的感知并没有形成显著性的差异（褚昕宇等，2020）。

表5-15　不同年龄段影响因素差异方差分析

	平方和	均方	F	显著性
SRHI***	5412.194	1353.048	12.925	0.000
个人 ***	1044.338	261.084	6.306	0.000
家庭 **	394.167	98.542	2.386	0.005
学校 *	130.291	32.573	0.995	0.049
社会	131.755	32.939	0.858	0.058

*** 表示 P<0.001，** 表示 P<0.01，* 表示 P<0.05

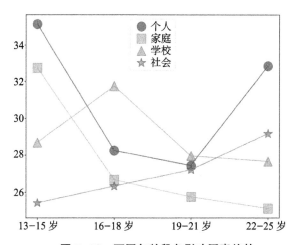

图 5-12　不同年龄段各影响因素趋势

　　从体育锻炼习惯的形成情况（图5-12）可以看出，青少年在13～15岁期间体育锻炼习惯形成程度较好（图5-13），随着年龄的增长，15～17岁的高中时期体育锻炼习惯形成程度下降，在17～22岁的大学低年级期间，体育锻炼习惯情况最差。随着年龄的增长，可能是由于个人体育锻炼需求的不断升高，体育锻炼习惯形成程度有所提高（褚昕宇等，2020）。Higgins等人（2003）研究认为，加拿大青少年体力活动和健康状况会随着年龄的增长而下降；男性会有更高的身体活动水平，所有年龄段男性均比女性活跃；更多的社会支持将使身体活动水平得以提高。众多研究支持的观点是，青少年随着年龄的增长，体育锻炼积极性和实际的体育锻炼参与水平均呈现逐渐下降的趋势（Barnett et al., 2002; Sallis et al., 2000）。然而，值得关注的是，青少年在年龄较小时形成的体育锻炼习惯在年龄不断增加时出现消退的情况，进一步说明形成体育锻炼习惯的重要性和迫切性。另外，在访谈中发现，中考的问题也可能是13～15岁青少年体育锻炼习惯良好的重要原因。而且，个人因素对16～18岁的青少年影响较大，可能是该年龄段的青少年更多地感受到学习压力等学校因素的影响而减少了参与体育活动的行为。

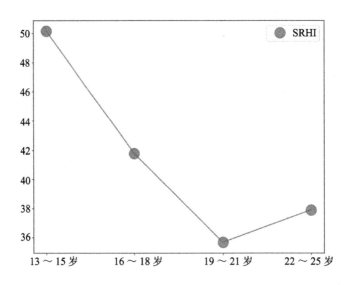

图5-13　不同年龄段体育锻炼习惯形成程度

　　对各影响因素进一步分析可见表5-16，在个人因素方面，多数青少年在13～15岁时，在体育锻炼的主动性、享受乐趣、舒缓压力、结交朋友、个人健康意识等方面均有较高分数，在16～18岁阶段略微下降，随着年龄的不断

表 5-16 不同年龄段影响因素差异各题项方差分析

题项	平方和	均方	F	显著性
体育活动主动性 ***	32.569	8.142	7.796	0.000
享受乐趣、舒解压力 ***	22.831	5.708	5.787	0.000
结交朋友、拓展社交 ***	29.428	7.357	7.090	0.000
个人健身意识 **	9.985	2.496	2.495	0.041
实现目标的满意感 ***	22.450	5.613	5.890	0.000
积极的自我评价 **	14.218	3.555	4.172	0.002
体育运动乐趣 ***	20.830	5.207	5.838	0.000
亲人的交流与支持 **	16.311	4.078	3.679	0.006
父母受教育程度 *	9.082	2.271	2.344	0.050
父母对子女时间的管理 **	7.479	1.870	2.006	0.009
同伴们参与体育锻炼 *	9.944	2.486	2.543	0.038
学业压力 **	1.781	0.445	0.531	0.007
政府大型体育活动 *	4.763	1.191	1.347	0.025
城市运动设施易得性 *	5.022	1.255	1.504	0.020
政府对运动的推广 *	2.995	0.749	0.829	0.049

*** 表示 P<0.001，** 表示 P<0.01，* 表示 P<0.05

增加又呈现上升趋势，说明青少年在 13～15 岁阶段已经有了一定的体育锻炼意识和参与意愿，而到了 16～18 岁的高中阶段，可能是在家庭、学校等因素的影响下，个人的体育锻炼意愿下降，而后随着学业压力的减轻和其他个人、社会、家庭因素的影响，又倾向于积极参与体育锻炼、在体育锻炼中体验乐趣，个人因素影响程度上升。在家庭因素方面，从图 5-14 中可以明显看出，体育锻炼习惯的形成程度和家庭的影响、不同年龄段的发展吻合，年龄越小，受到家庭因素的影响越大，而随着年龄的不断增长，家庭对青少年体育锻炼习惯的影响呈下降趋势。在学校方面，仅有学业压力和同伴参与体育锻炼的影响在不同年龄段之间存在显著性差异，而从这两个因素的趋势上可以看出，学业压力随着年龄的增长逐步减弱，在 13～15 岁的初中阶段，学业压力的影响最为明显。

同伴的影响体现在13～15岁和22～25岁的青少年较为依赖同伴的陪伴，说明在青少年年龄较小的阶段和即将融入社会的阶段较为需要同伴的陪伴以激励体育锻炼习惯的形成。青少年随着年龄的增长对社会方面的影响因素越为依赖，应该在政府、社会等层面对青少年成长给予更多的关注和引导。

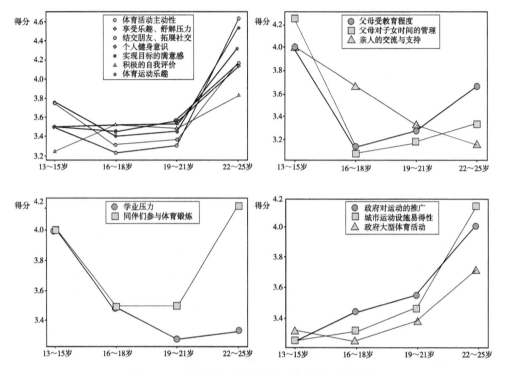

图 5-14　不同年龄段各影响因素平均数多重比较

付道领（2012）和马兰（2014）的研究均发现了不同年龄阶段的青少年体育锻炼习惯影响因素的不同。付道领（2012）认为，影响初中生的因素主要为心理因素、学校因素和家庭因素。家庭是个体最为核心的活动场所，家庭对个体体育锻炼行为的影响是潜移默化的、长期存在的，尤其是家长的榜样作用对体育锻炼行为的重要影响，很难短期内显现效果，但对初中学生体育锻炼习惯的养成具有其他因素不可替代的作用。这与本研究所发现的不同体育锻炼阶段的影响情况符合，通过对不同年龄段的青少年分析发现，影响存在于个人因素、家庭因素和学校因素中，进一步分析发现，青少年年龄越小，对个人、家庭的影响越依赖，学校因素的影响随着青少年年龄的增长逐步下降，社会因素方面的影响随着年龄的增加而增加（褚昕宇等，2020）。

Christopher 等人（2015）深入分析了父母与孩子体育活动的关系是否显著。迄今为止，112 项研究明确地阐明了父母行为与孩子行为习惯之间的关系。在青春期前，孩子对父母体育活动的模仿起着不可或缺的作用。但随着孩子的成熟，在体育活动领域的模仿行为可能来源于青少年同伴的影响，而父母模仿的影响则逐渐减弱。结果表明，在儿童发展的早期，以家庭为基础的相互活动干预是重要的。父母参与体育活动次数越多，儿童越有可能进行较高强度的体育锻炼活动；如果父母经常参加中等强度或高强度体育活动，则儿童更倾向于参与有规律的体育活动（Mota，2008）。

儿童对参与体育活动益处的积极结果预期或信念、家长认为参与体育活动很重要的信念与参与有组织的和时间自由的体育活动有关。儿童对父母支持的感知和父母直接支持的程度与有组织的体育活动密切相关。感到安全、场地易得性、父母和儿童的共同参与与空闲时间的体育活动密切相关（Heitzler et al.，2006）。Kimiecik 等人（1996）创建了一个家庭影响儿童中等强度体育锻炼行为的模型（MVPA）。该模型除了涵盖社区环境和家庭环境外，还强调了父母对于中等强度体育锻炼的信念和行为对子女的中等强度体育锻炼行为的影响。因此，青少年在 13 ～ 15 岁阶段，父母和家庭对青少年体育锻炼行为的影响是重要的，而且本研究的调查和访谈都发现，青少年年龄越小，这种影响越明显。这可能是由于父母与儿童时期孩子之间的交流和共同活动更多；随着孩子年龄的增长，青少年逐步社会化，变得更加独立。虽然在社会因素方面并未发现较显著的差异，但随着年龄的增长，社会因素的重要性也逐渐呈现提高的趋势。

5.6.3　青少年体育锻炼习惯养成个案分析

5.6.3.1　个案（C1）不受奖励干扰的跑者

C1，19 岁，女，河北衡水人，上海某大学二年级学生，长期参加体育锻炼，每天坚持跑步 3 千米并拉伸，持续 60 ～ 90 分钟，一般在晚上 6:30 ～ 8:30 进行。初中一、二年级基本不上体育课，由于学校要求严格，初三开始为了中考每天早晨晨跑，体育课内容也多是跑步。高中后每天早晨 5:30 起床跑步，体育锻炼内容为跑步。由于高中学业压力较大，后期体育课基本不上课，不参加运动会和其他社团活动，但是依然保持每天跑步。父母均热爱体育锻炼，家庭成员还有弟弟、妹妹，一家人经常一起参加体育锻炼。社区附近公园、绿地、健身场所易得，所在城市也有马拉松。上大学后接触了新的体育项目、体育比赛，但也基本没有参加。获得体育信息的渠道主要是和同学交流，平时因为上课、写作业等有久坐行为。不喜欢上网玩游戏，也没有别的爱好，就单纯因为跑步场地易得、简单，每天保持跑步的体育锻炼习惯。

从形成体育锻炼习惯的历程来看，C1 在 13 ～ 15 岁就开始了跑步这项体育活动，行为开始的目标是中考体育测试，而后由于家人的支持和喜欢、体育场地的易得、学校课程时间等线索的驱使，C1 将跑步作为一种稳定的体育锻炼一直保持到 19 岁。我们可以看出，C1 在 13 ～ 15 岁时最初的有目标的跑步行为是由中考体育分的奖励和初中到高中升学时家人给予的成就感激发的。其高中阶段的跑步活动变成了习惯行为，到了大学虽然生活内容和生活方式都产生了变化，但跑步这一习惯已经成了自动行为。C1 在大学阶段的跑步行为并没有受到久坐（休闲娱乐等）的影响，继续成了持续稳定的体育锻炼习惯，符合习惯形成机制的双系统理论模型的环路。

5.6.3.2 个案（C8）校园足球体系培养下的足球运动员

C8，20 岁，男，安徽合肥人，上海某大学大三高水平运动员，每周 5 次运动，每次时间 60 分钟以上，一般在下午 5:00，主要是跑步和踢球，久坐时间每天约 6 小时。初中每周 2 次体育课，一般都是学体操和武术，初三开始练习体育专项考试内容，一般为 1000 米、跳绳、跳远等。高中开始每周 1 节体育课，都用来踢球，每周还有 4 次每次 120 分钟的足球训练。大学后，日常训练每周 6 次，每次 90 分钟以上。父母不参加体育锻炼，但是也不反对。社区附近和学校的体育场地 10 分钟左右就能到，主要是有志趣相投的伙伴一起进行体育锻炼。对体育信息的获得主要是通过电视、视频软件，主要关注内容是实时报道足球知识。参加各类体育比赛中获得自豪感、满意感、成就感较强，特别是能够作为高水平运动员考入大学，并且在学校队伍中获得了很多很好的成绩。体育锻炼习惯的开始阶段在 15 岁前，有一群队友一起训练并有一个教练，在初中时一起出去参加比赛时初次获得胜利的渴望和团结的信念。

根据C8 的口述，我们可以看出他形成体育锻炼习惯的关键时间是在 15 岁前的初中阶段。在父母和家人没有参加体育锻炼的情况下，在同学、伙伴和教练的促进下他开始了足球专项训练，从初中开始参加各级各类比赛，在比赛中获得专项的技能和相关的体育知识，并和伙伴们一起训练，形成了体育锻炼行为习惯，而后获得了比赛中的成就感、满足感和相应的运动成绩，又通过这一运动成绩考取大学，在大学队伍的训练和比赛中又一次强化了体育锻炼习惯的形成，从而形成了稳固的体育锻炼习惯。从事的项目是集体项目，强化习惯的主要线索是同伴们的共同参与和场地器材的易得性；奖励和积极的情感获得主要源于参与比赛、高考提供的自信心和满足感；目前，形成了稳定的体育锻炼习惯和对足球这项运动的执着喜好。

5.6.3.3 个案（D2）热爱科技的轮滑少年

D2，男，22 岁，山东济宁人，上海某大学理工科四年级学生。每周参加体育锻炼 3 次，每次 120 分钟左右，一般在下午、晚上，会跑步，也会滑轮滑。每日久坐 10 小时，主要是使用电脑，偶尔使用手机。小学期间因生病察觉到对体育锻炼的渴望，特别喜欢轮滑项目，初中阶段正常参加体育活动，每周 2 节体育课，每天做广播操。高中每天 1 千米慢跑，每周 2 节体育课，没参加其他活动。大学阶段开始加入轮滑社，每天晚上练习超过 4 小时，中途受伤，没有日常训练了，伤好后又逐渐训练。家人都喜欢参加体育锻炼，每天散步，经常爬山，也会有其他的体育活动，如游泳、健身、射箭和保龄球。高中时期学习压力最大，身边的伙伴都很注意锻炼身体。到大学之后接触了五人制足球、三人篮球等活动，在活动中主要是担任技术保障和视频采集等和科技有关的工作，会主动地去获取体育类相关信息，喜欢健身类的漫画。体育场地器材易得、大型体育赛事、体育传播等条件都对其体育锻炼产生了正向的影响。从喜欢轮滑到热爱，这项运动给了他情绪宣泄的途径、自信满足的感觉和与更多朋友沟通的平台。他就这样喜欢上了轮滑运动，并且以轮滑为基础拓展了其他项目的体育锻炼行为，形成了稳固的体育锻炼习惯。

D2 养成体育锻炼习惯的最初动机来自对身体健康重要性的意识。他开始有这样的意识是在小学期间，也就是 13 岁前。家人热爱徒步和爬山，他在接触了体育项目后选择了较为新兴的轮滑项目。他选择之后长期进行了一定运动强度的训练活动，对这个项目产生了热爱，获得的情境线索来源于场地和伙伴，奖励来源于在运动中对压力的舒缓、个人的满足感和参与比赛的新奇感。生活中其他项目的加入并没有影响其对于轮滑项目的习惯的稳定性，同时发展了对其他项目的兴趣，甚至愿意用自己的专业技能服务于比赛等各项活动。

5.6.3.4 个案（D1）三沙驻守女研究生

D1，女，25 岁，新疆乌鲁木齐人，上海某大学研究生毕业，目前在海南三沙工作。每周参加 4 次体育活动，每次时间 30～60 分钟，锻炼方式为公园内快走或者家里跳健美操。每天坐着的时间为 8 小时左右，看电视或玩手机，手机使用频率较高。初中阶段一周 2 节体育课，有课间操，学校安排自由活动，自行选择运动项目，初三开始中考体育测试项目练习，如铅球、跳远、跑步。高中阶段一般不上体育课，男生、女生分班，其他科老师也会占用体育课时间补习。大学之后可选的体育项目比较多，由于大学生活较为清闲导致她胖了很多，于是在宿舍同学的号召下开始每天参加体育锻炼，主要活动内容是跳健身操、跳绳和跑步，而后开始在健身房锻炼或游泳，增加运动的项目和强度，最后形成了稳定的体育锻炼习惯，每周锻炼 5 次左右。父亲较喜欢锻炼，母亲的喜爱度一般，家人会在小区运动器材处锻炼或散步、打羽毛球等。通过锻炼，父母也拓展了人际交往，父亲会提醒她去参加体育锻炼。她小学参加过新疆的跳绳比赛，一直以来体育成绩都很好，但在高中学业压力大时老师会叮嘱其不要参加体育锻炼、要多学习。大多是通过人际宣传或者是减肥博主的自媒体宣传获得体育信息，如明星减肥、体育锻炼的技术知识等都是通过关注微博或微信等平台获得。大学至今在体育锻炼中获得了减肥成功的效果，增强了自信心，同时在体育锻炼过程中也结识了很多伙伴，形成了体育锻炼的强化和监督。现居城市体育场地易得，经常举办大型体育活动，身边有陪伴进行体育锻炼的伙伴，参加体育锻炼的信念坚定，形成了较为稳定的体育锻炼习惯。

D1 在青少年早期参加过体育锻炼，并且也参加过相应的比赛，但在高中时期体育锻炼行为被中断，可能是学业压力较大的原因。上大学之后最初以减肥为目标参加体育锻炼，同学、朋友在其体育锻炼意识形成阶段对其正向影响较大，后从健身操、跑步、跳绳等单一活动拓展到健身房器械、游泳等不同形式的体育锻炼，在体育锻炼中不断获得满意感和自信心，同时减肥目标得以实现给了她正向的反馈，从而促进其进一步投入体育锻炼，形成体育锻炼习惯的自动化。更换了生活环境后，过去的情境线索如体育场馆、活动、伙伴等都对其形成了习惯的强化作用，使其在新的生活环境下依然保持了体育锻炼习惯。

从个案研究的体育锻炼习惯量表和影响因素雷达图（图 5-15）中可以看出，4 名个案均有较高程度的体育锻炼习惯。个人因素的影响在 C8 和 D2 的得分中较为明显，社会因素的影响在较高年纪的 D1 的数据中较为明显，而学校因素在 D2 和 C1 的得分中显示较为明显，说明体育锻炼习惯影响因素作用的个性化。

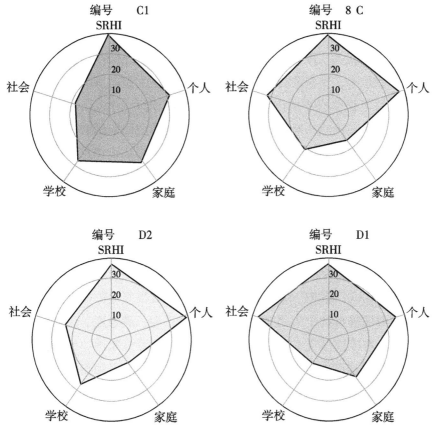

图5-15 个案体育锻炼习惯影响因素与SRHI分数雷达图

在对四个个案的分析中发现，第一，体育锻炼习惯在年纪较小的时期比较容易影响青少年的行为，例如C1、C8和D2，其体育锻炼习惯的起点均发生在初中阶段或初中前，说明青少年体育锻炼习惯的形成越早越好；第二，生活环境改变时是体育锻炼习惯形成的又一促成期，例如从D1的体育锻炼习惯形成过程中可以看出，大学时期生活环境的改变和社交圈的变化是其形成体育锻炼习惯的重要原因；第三，体育锻炼习惯形成过程中目标具有重要性，在调查中也发现实现目标的满足感和最初体育锻炼习惯的目标设置也是形成体育锻炼习惯的重要因素；第四，从个案的各个因素雷达图中发现，个案的个人、家庭、学校、社会因素的得分不相同，但体育锻炼习惯形成的程度相同，进一步说明各影响因素间的相互作用及其对体育锻炼习惯促进作用的多样性。

5.7 本章小结

本章梳理了相关文献，论述了青少年体育锻炼习惯养成模型建构的意义，采用了文献综述法、专家调查法、AHP分析法、层次聚类和因子分析建构了青少年体育锻炼习惯养成影响因素理论模型，并应用对 1021 名青少年的调查进行了模型的验证和调整，对青少年体育锻炼习惯养成影响因素模型进行了模型验证和各影响因素的理论分析，拟进一步探索青少年体育锻炼习惯养成影响因素的模型和机制。在实证的过程中发现，体育锻炼习惯影响因素模型呈现多层次、多元化趋势，并且专家的AHP赋权中对个人和社会因素的关注，说明专家们往往更注重体育锻炼习惯养成过程中体育意识和观念的培养以及青少年的社会化、终身的体育发展。基于学生的成长环境，学生更注重学校对其体育锻炼习惯的影响。运用层次聚类和验证性因子分析建构了青少年锻炼习惯影响因素模型，认为个人、学校、家庭、社会因素均可以很好地影响锻炼习惯的养成过程。锻炼习惯养成的个人因素中，体育运动乐趣、满意度、主动性和交流起到重要作用；在家庭层面，父母的锻炼意识、家庭锻炼氛围、经济条件和父母的时间管理具有重要作用；在学校因素中，学业压力、老师指导水平、学校健康管理、运动社团组织和场地条件具有重要作用；在社会因素中，体育公共设施、体育信息获得、社会对体育运动的推广程度、体育社团的参与、健身教练的指导有重要作用。根据数据验证和个案分析，进一步对不同性别、不同年龄段青少年体育锻炼习惯影响因素进行了分析，发现男性明显优于女性，年龄越小，受到个人、家庭影响越明显，随着年龄的增加，受到社会因素影响越明显，16～18 岁阶段受学校因素影响达到峰值，但随年龄增长逐步减弱。通过对四个个案的分析，进一步发现青少年体育锻炼习惯形成过程中的特点。本章的主要内容为理论模型的建构、数据化验证和对青少年锻炼习惯影响因素的形成特点和规律的探讨，下一章将进一步探索青少年体育锻炼习惯影响因素作用机制与干预策略。

6　青少年体育锻炼习惯养成作用机制与干预策略

6.1　青少年体育锻炼习惯影响因素作用路径探讨

本研究前期调查发现，影响青少年健康的不良生活方式包括缺乏体育锻炼习惯的行为方式、久坐等。在对体育锻炼习惯的影响因素研究中，社会因素和个人因素被认为是对青少年体育锻炼习惯养成的最重要影响因素，家庭因素和学校因素也在一定程度上影响青少年体育锻炼习惯养成。调查中测得青少年对于社会环境影响的敏感性比想象的要高，而且专家在 AHP 赋权中也认为社会因素应该对青少年的体育锻炼习惯养成有重要的影响，在后面的模型验证中体育锻炼习惯的社会因素模型系数也偏高。体育信息获得途径、政府是否举办大型体育活动、城市运动设施是否易得、政府对运动的推广程度等对青少年体育锻炼习惯的形成具有重要意义。在个人因素中，体育活动的意识、在体育锻炼中获得满意感和在体育活动中实现乐趣是体育锻炼习惯养成自评系数高相关的条目。在家庭因素中，父母是否喜欢体育活动、父母是否经常一起参加体育活动、父母教育程度等也对青少年体育锻炼习惯的养成有着一定的作用。在学校因素方面，学校活动场地、参加体育活动的同伴、体育老师指导水平等因素均会对青少年的体育锻炼习惯养成产生作用。

因此，要对青少年的体育锻炼习惯养成构成影响，应该注重青少年体育锻炼计划的制定和实施，应该在个人、家庭、学校的体育锻炼行为启发中多下功夫，已测得个人的参与乐趣、舒缓压力、家庭的体育意识、父母教育程度、学校的场地、体育锻炼的伙伴等方面的影响能够促进其形成体育锻炼习惯。故在今后的干预中，可以将能促进青少年体育锻炼意识形成的因素融合起来，提供可以被觉察的计划、线索、意图、满意感、奖励和情景线索，合力促成其体育锻炼习惯的形成。并且，在习惯形成过程中，应提供给青少年对体育锻炼的期望和感知，形成运动参与，获得更多持续的线索和满足感，持续重复体育锻炼行为，反馈满意的体育锻炼效果或过程中的乐趣体验，进一步保持体育锻炼习惯。

模型的各影响因素之间均存在相关关系（图 6-1），影响因素之间的关系是复杂的，例如体育锻炼习惯的影响因素可以是多层的，而且各层之间有交互的、复杂的系统，需要进一步研究各诱导线索之间的联系。鉴于上述问题的客观存在，本章进一步对体育锻炼习惯养成的影响因素作用机制分析归纳，并提出干预青少年体育锻炼习惯养成的措施和建议。

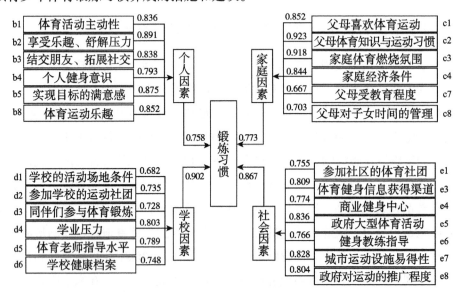

图 6-1　体育锻炼习惯影响因素模型

6.2　体育锻炼习惯的养成影响因素机制阐释

6.2.1　青少年体育锻炼习惯养成影响因素的机制理论基础

"机制"一词本义指机器的构造和动作原理，引申义指有机体的构造、功能及其相互关系。在不同的领域，就产生了不同的机制。在社会科学中，"机制"可以表述为"在正视事物各个部分存在的前提下，协调各个部分之间的关系以更好地发挥作用的具体运行方式"。分析以往的文献，体育锻炼习惯养成影响因素机制一般被归纳为生理机制、心理机制和哲学机制（乔玉成，2011）。为了更好地分析体育锻炼习惯养成影响因素作用的特定经验事实和基于理论机制的解释规律，本研究应用青少年体育锻炼习惯影响因素的机制理论基础，进一步探讨其在青少年锻炼习惯养成过程中的运行方式。

6.2.1.1　生理机制——多巴胺信号的情景应答

在生理学角度，习惯是通过应答后的奖励进一步强化的情景－应答联系。在神经水平上，中脑多巴胺系统支持这种强化学习。通过信号的奖励预测误差（Reward Prediction Errors, RPEs）或预期与实际奖励之间的差异，阶段性的多巴胺反应作为纹状体习惯学习的指示信号（Balleine & O'Doherty，2010）。通过反复连接的Hebbian学习机制，情景线索与一次应答之间的认知联系逐渐加强，以便当人们再次遇见情景线索时准备好重复执行（Wood & Neal，2007）。通过联想和奖励学习机制强化习惯，抓住了习惯形成的缓慢、渐进的本质。每重复一次，认知与神经机制相关的程序性记忆就会发生小的变化。开始时人们对一个奖励重复应答，多巴胺信号促进了习惯的学习，但是反复奖励会导致信号的重复变得不太活跃，形成记忆中的运动痕迹线索最为重要。

6.2.1.2 心理机制——目标和习惯的双系统

人的大脑内存在两种思维，一种是快速且直观的，另一种是缓慢而深思熟虑的（Kahneman，2011）。在认知与社会心理学中，双系统通常是指快速、自动、无意识的认知过程（习惯系统）和缓慢、深思熟虑、有意识的认知过程（目标系统）（Evans & Stanovich，2013）。并且，动物损伤实验证实大脑内确实存在习惯与目标定向两个系统（董晨杰等，2018）。虽然理论上锻炼习惯的自动化和无意识特征可能与身体活动所需的努力和复杂性之间相矛盾，但是习惯行为作为大脑的捷径，允许人们在顺利参与日常生活行为的同时，将推理和执行过程在其他想法和行动之前运转。随着时间的推移，如果行为在具有类似线索的环境中进行，可以假设一种习惯会引发一种提示行动（Cue-to-action），以替代对该行为的熟虑和以目标为基础的决策。锻炼习惯亦是如此。在人们形成体育锻炼习惯的过程中也存在双系统，即需要较为强烈的动机、意识和行为的目标系统和不需要思考的习惯系统。这也是本研究依赖的分析体育锻炼习惯形成机制的心理学研究基础。

6.2.1.3 哲学机制——从手段论到目的论的统一

"手段论"和"目的论"是制约现代体育运动发展的两种体育观。这一哲学机制的演进过程体现了人们对体育运动本质的思考。在体育锻炼习惯的形成机制中也体现了这种哲学机制的存在。本研究的体育锻炼习惯在不同的情景下既是目的也是手段，形成了运动教育的目的和手段的统一。青少年在养成体育锻炼习惯的一开始用来体育锻炼的运动项目在个案中没有得到敏感的响应。无论青少年参加什么体育锻炼项目，哪怕是枯燥的长跑或者是足球或轮滑，青少年都会在某一目标的吸引下以体育锻炼为手段参与运动，参与的过程中体验到情境的线索来自老师、同伴、场地甚至是时间，而后获得奖励形成体育锻炼习惯后，体育锻炼习惯不再是需要获得目标的"手段"，而体育锻炼习惯本身变成了

"目的"，青少年为了健康而持续进行着。

6.2.2 青少年体育锻炼习惯养成影响因素作用特点探析

6.2.2.1 体育锻炼习惯养成的早期性

从前文的访谈中和众多的研究报告中可以看出，生命早期的体育锻炼习惯干预会对青少年产生较大的影响。被访者中的体育锻炼习惯较强者，在经历了多年的学习和生活后依然保持体育锻炼习惯，基本都是在高中甚至初中前受到了外因的影响被卷入到体育锻炼行为中的结果。Sail等人（1992）的研究表明促进儿童在生命的早期形成健康行为习惯将有利于其将这一习惯维持到成年。青少年早期锻炼习惯的干预尤为重要（Birch et al., 2011；Underdown, 2007；Wetton，2005；Marotz，2011）。本研究也体现了在 13 岁或更早的年龄参加体育锻炼甚至持续体育锻炼并养成习惯，将有助于其后续体育锻炼习惯的形成。

6.2.2.2 体育锻炼习惯养成影响因素的多样性

生活环境发生变化的时期是青少年体育锻炼习惯干预的有效时期。被访者在上大学期间，因体育成绩需求、减肥、伙伴交往、业余时间增多等原因开始或保持了良好的体育锻炼行为，从而在 18～25 岁阶段形成了体育锻炼习惯。另外，学校的体育课和活动、家庭的支持、体育场地器材的易得性、体育信息的获得、体育锻炼的人际交往、科技的发展、个人的自信心和满足感、参加体育锻炼的目标都会对青少年体育锻炼习惯的养成产生影响。在模型验证阶段的最后，本研究对个人影响因素的内部关系做了回归系数的检验，发现各层级影响因素之间的关系复杂，存在交互的多元影响，这就证明体育锻炼习惯影响因素的多样性和影响程度的复杂性。而从对青少年的访谈和个案分析也可以看出，青少年对于影响因素的感知是不断变化的。随着年龄的增长和生活环境的变化，他们对体育锻炼习惯影响因素的感知都会不同，因此，在干预青少年的体育锻炼习惯养成的过程中也应该充分考虑这些特点。

6.2.2.3 体育锻炼习惯养成奖励作用的动态性

体育锻炼习惯的形成过程中，奖励的作用是在不断变化的。如果外部奖励是用于习惯形成的目的，那么个体应该有限地意识到行为的变化会导致外部奖励的变化（Ferster & Skinner，1957；Wood & Neal，2009）。当奖励与行为成比例时，行为与奖励之间的感知偶然性较高，而当奖励在大小和时间上随机出现时，感知偶然性较低（Wood & Neal，2009）。对处于行为变化早期阶段的人而言，除了长期的健康效果外，还应特别强调可能的短期利益（Baranowski et al.，1997）。而且体育锻炼习惯的复杂性就在于内隐动机和外部动机之间的互动协调。例如在访谈中，体育锻炼者可能会因为体重不再下降而停下体育锻炼，也可能会在体育锻炼的过程中持续追随习惯线索继续体育锻炼。个人、家庭、学校、社会的影响因素主要通过体育锻炼意识的诱导、体育锻炼行为的实施、奖励（内部奖励满足感，外部奖励体育成绩或者体育锻炼效果）和保持体育锻炼习惯的情境线索几个方面对青少年的体育锻炼习惯产生影响。因此，应充分关注奖励的变化，例如可以使用不同奖励方式诱导锻炼者进行体育锻炼，尽量激发锻炼者的内在动机而非外部奖励更为有效。

6.2.2.4 体育锻炼习惯养成过程的长期性

通过鼓励体育锻炼习惯的形成，行为改变干预可以使体育锻炼行为习惯化并得以保持。一项为期 12 周的纵向研究发现，稳定的体育锻炼习惯的形成需要 5 周的时间，而养成健身习惯可以使一个健身俱乐部的新成员长期保持体育锻炼（Armitage，2005）。另有研究证实，如果每周体育锻炼四次，大约六周的时间会养成自动去健身房的习惯（Kaushal & Rhodes，2015）。此外，Lally 等人（2010）通过在自然环境中进行的研究发现，形成一个新的习惯大约需要 18 天到多达 254 天的时间（平均 66 天），只要在相同情境中重复简单的健康行为（如早饭后散步、早晨喝完咖啡后做仰卧起坐以及晚饭前进行体育锻炼），可以使行为变得习惯化和无需考虑去实践。我国学者也对体育锻炼习惯的养成有着较为一致的观点，普遍认为体育锻炼习惯的稳定性是体育锻炼习惯的特征，而养成体育锻炼习惯指持续体育锻炼超过 10 个月甚至一年。在访谈中也可以看出，形成体育锻炼习惯的体育锻炼者一般都有一段时间稳定、持续地重复从事一项体育锻炼，而后逐步形成了体育锻炼习惯。

6.2.3 体育锻炼习惯影响因素个体层面作用机制

根据相关理论基础和对于体育锻炼习惯养成影响因素的研究，本研究认为体育锻炼习惯的形成过程如下。体育锻炼习惯最初是有目标的体育锻炼行为。最开始时无体育锻炼行为，通过感受到来自个人、学校、家庭和社会的影响因素（如肥胖需求、成绩需要、他人的号召）产生参与体育锻炼的意识；体育锻炼行为随之而来，在体育锻炼行为中感受到的"不满意"会直接使人们返回无锻炼行为的状态；体育锻炼的态度和认知会促进人们形成参与体育锻炼的满意感，满意感激励人们进行反复的锻炼实践，使他们形成锻炼习惯；而后人们会接触锻炼情境线索，情景线索促进人们重复体育锻炼行为，持续影响体育锻炼习惯的形成。一旦习惯形成，情境线索（如健身房、其他锻炼者）会自动激活记忆中的习惯表征（如体育锻炼强度、时间与频率）。人们不仅会关注自己已形成的体育锻炼习惯，还会关注锻炼的效果。最后，人们根据观察自身的锻炼行为来检视自己的锻炼效果。这样，除非锻炼者有足够的动机去除锻炼情景线索，根据当前的情况调整他们的锻炼行为，否则体育锻炼习惯会成为一种默认应答（图6-2）。

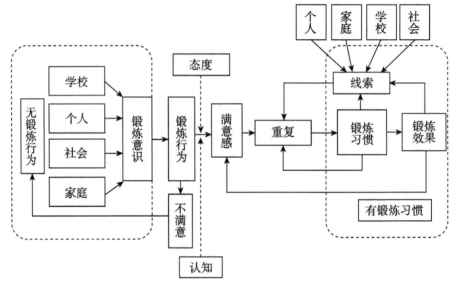

图6-2 体育锻炼习惯影响因素个体层面作用机制

各种线索提示都有可能触发体育锻炼习惯表现，包括锻炼场景、其他锻炼者以及先前的锻炼行为等各方面。体育锻炼习惯的形成过程中，必然伴有自动化水平的提高。一旦形成体育锻炼习惯，人们对相关情境线索的感知就会自动激活习惯化反应的心理表征。例如，Neal等人（2012）发现那些具有更强烈跑步习惯的被试，当他们接触到与他们经常跑步的情境相关的词语（如实际场所）时就会自动想到跑步与慢跑。另外，对那些定期参与锻炼的人的研究发现，大约90%的人会受到锻炼的场景或时间的提示线索的影响，并且那些日常通过特定场景提示进行锻炼的人的锻炼自动化反应更加突出（Tappe & Glanz, 2013）。因此，在实际的情况中，个人、家庭、学校和社会的因素不仅存在于前期促进意识产生阶段，也存在于情景线索的提示作用中。

6.2.4 体育锻炼习惯影响因素社会层面作用机制

有关的研究认为，体育锻炼属于自动化过程（如习惯）和目标定向控制过程（如意图）共同调控的双系统理论范畴（Rebar et al., 2014）。例如，当锻炼者参加体育活动的意图比平时要弱的时候，他们会依靠体育锻炼习惯，只锻炼到习惯的运动强度。并且，锻炼者的日常锻炼意图与体育活动呈正相关（Rebar et al., 2014）。进一步研究发现，行动规划增加了体育锻炼习惯相对较弱者的体育活动，但与没有制定行动的规划者相比，行动规划减少了具有强烈体育锻炼习惯者的体育活动（Maher & Conroy, 2015）。这也提示体育锻炼习惯（自动化过程）与意图、行动规划（目标定向控制过程）之间存在互相抑制效应。

值得注意的是，近年来对于体育锻炼习惯的准备阶段在体育活动中的预测作用越发受到重视。如果将锻炼视为准备与执行两个阶段，研究者发现习惯的准备阶段非常重要，一致的准备活动有助于建立体育锻炼习惯，而不稳定的准备阶段（低一致性）阻碍了体育锻炼习惯的形成（Kaushal et al., 2017）。而准备部分被分成了目标系统和习惯系统两个部分。因此，体育锻炼习惯的双系统理论可能会是今后体育锻炼习惯研究的新的理论方向。另外，久坐行为的日常进程同样受到双系统的影响（Conray et al., 2013）。

锻炼者通过锻炼行为作用于体育环境，而体育环境又依据锻炼者的行为变化进行状态的更新，并反馈给锻炼者相应的奖励，促使锻炼者不断调整身体活动，以期累积获得最高回报。其中，锻炼者可以通过双系统调控自身的身体活动：习惯系统受到情境线索提示，激活涉及自动情感评估的体育锻炼习惯行为；理性决策系统（目标系统）中主观规范与主观行为控制两个因素可以将客观体育环境的作用转变为锻炼者的主观感知，并且，习惯系统与目标系统通过分层的协作形式来控制身体活动。体育环境是一个较为复杂的综合体，在不同视角下的分类方式也不尽相同，比如有学者建议将其划分为建成环境、社会环境和信息通信环境（张展嘉等，2018）。在特定情况下，体育环境能够自动激活锻炼行为，被认为是体育锻炼习惯自动化的情境线索。而对于锻炼行为的奖励至少可以划分为内部奖励和外部奖励。区别于通常的外部奖励，内部奖励被认为是情绪反应以及随后对身体活动的情感判断，代表了个人对经历的期望，有助于形成更强烈的习惯，比如对内在调控、享受、乐趣和愉悦感的期望（Ekkekakis et al., 2013; Rhodes et al., 2009）。

因此根据锻炼行为的双系统模型，我们可以归纳出体育锻炼习惯双系统影响因素模型（图6-3），其中影响体育锻炼习惯的主要因素分为个人、家庭、学校、社会四部分，而这四部分又是一个有机的整体，共同影响锻炼行为、锻炼行为中的奖励（内部奖励和外部奖励），提供全方位的情境线索，从而影响体育锻炼习惯系统和锻炼行为的目标系统。在这个部分的作用机制中强调的是个人、家庭、学校、社会因素的整体性和相互之间内部关系的互动性，主要通过对目标的激励和情境线索提示，影响锻炼行为的重复发生从而形成体育锻炼习惯。

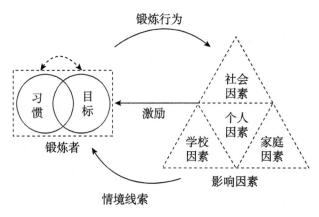

图6-3 体育锻炼习惯影响因素社会层面作用机制

6.3 体育锻炼习惯干预策略

6.3.1 认知-意向-行动-保持

学者在研究发展认知理论时发现，主体对某社会活动的元信念是决定其投入状态的先行因素（董宝林等，2018）。这也就解释了本研究对体育锻炼习惯养成的分析中，个人因素始终作用最大的原因。其他因素也是通过个人的认知、意识来提高个人的体育锻炼习惯水平（任海，2018）。个体行为倾向于通过健康行为类型聚在一起形成有意义的健康生活方式，这些生活方式以社会环境为基础（Cockerham，2005）。社会环境是通过个人对环境的感知、先验和后验投入到锻炼行为中，也是环境影响了个人对后续的情境线索的处理。

在体育锻炼习惯养成过程中，青少年首先对自己的认知清晰、全面，包括生理方面的认知和心理方面的认知；随后在没有目标参与体育锻炼时，身边有对参与体育锻炼产生兴趣倾向的人群（家长、同伴、偶像）；而后在参与了体育锻炼后，对体育锻炼有获得感、满意感和能力知觉感；最后，各种情境、情绪线索促使其保持参加体育锻炼行为。当其有退出参与体育锻炼倾向时，在参与中获得的良性刺激会诱导其继续参与，不参与的惰性会被习惯取代。对于不良的生活方式（如肥胖、久坐），自身的意识知觉也会起到作用，促使青少年进入参与锻炼的诱导环境中去。

因此，在实践中，应首先使青少年习得一定的体育锻炼科学知识，使其认识到体育锻炼对人的身心健康、社会交流和建立良好的生活方式乃至对社会文明的重要作用，树立正确的信念。其次，促成青少年对体育锻炼行为正向积极的情感体验获得，如通过增加青少年体育锻炼的次数和加强参与体育锻炼的同伴、家长、老师等的引导，增进青少年参加体育锻炼的依赖感、必要感、赞同感和支持感。再次，青少年要多次实践体育需求和体育行为。最后，青少年形成体育锻炼习惯，拥有体育锻炼技能、知识并且传播体育锻炼行为，形成健康生活方式。

6.3.2 锻炼意识的诱导

为促进青少年健康的生活方式，干预措施应包括认知行为技能的建立，加强健康的生活方式信念，并加强积极的健康行为（Colleen M，2018）。对于青少年体育锻炼习惯的干预，对锻炼意识的诱导尤为重要。Godino 等人（2014）对成年人的体育活动意识开展了研究。研究发现，人们对体育活动的意识与各种社会人口、生物学、行为和心理因素相关。这些因素对于个人决定选择运动或不运动很重要，并可能有助于制定促进体育活动的有效战略。青少年的思维－感觉－行为三角关系提供了强有力的支持。青少年只有在认识到体育活动功能的正向效应的基础上，才能形成对体育活动的正向的情绪体验，引导内在的体育需求和参与体育锻炼的行为倾向，从而形成统一的完整的情绪反应或意向表达。积极的体育参与态度对体育参与动机产生明显、直接的正面影响，体育参与动机是驱动人的体育行为的基本力量。在本研究中，运动乐趣、享受运动体验、体育锻炼目标满意度、对体育的认知等因素均能很好地影响体育锻炼习惯的形成。我们在以往的关于习惯的研究中也找到了合理的解释。按照双系统理论的解释，目标系统是体育锻炼行为开始的诱导因素，也是体育参与的起点，而后在有了父母的体育意识、同伴的陪伴、老师的指导之后，青少年参与体育锻炼的态度必然会受到影响，在这一过程中，社会认知理论的自我效能理论和能力知觉理论都会对体育锻炼习惯的形成产生良性促进；当锻炼意识得到了诱导后，青少年会有进一步的愉快反应、参与决定、形成参与，会运用外部体育资源，建立相应的体育锻炼人际关系，获得运动技能，取得好的情绪体验，从而形成锻炼的习惯，这一阶段又符合了跨理论模型的平衡点和自我决定理论中的理论要义。反过来，各种影响因素都在一定程度上对体育锻炼习惯的形成助力，形成了环境或情绪线索，不断增加锻炼行为的发生次数，进一步持续促进体育锻炼习惯的养成。

6.3.3 促进体育锻炼习惯持续的线索提示

现代社会中身体活动水平的低下和下降主要是由环境变化造成的。交通和劳动的机械化和自动化以及缺乏在城市环境中的锻炼机会，减少了我们的日常能量消耗（Hill and Peters, 1998）。为了青少年锻炼习惯的养成和保持，环境变化也可能是必不可少的。学校、企事业单位的体育设施应该实现社会资源共享，尽可能降低收费标准，充分利用好社区体育场地设施、道路两侧、公园、广场等，多为青少年体育锻炼习惯培养创造有利条件。

翁锡全等（2010）研究表明，在我国城市化高度发展进程中，应重视城市建筑环境与运动健康促进问题的研究。国外也有研究者通过系统地回顾在身体活动研究领域中社会认知与建成环境的交互作用，发现建成环境与社会认知只在休闲活动的参与中存在交互，认为可以对休闲活动的某些方面进行多层次干预（Rhodes et al., 2018）。研究生活方式与建筑环境相互作用的个体因素的文献表明，一些行为可能是由线索（如建成环境从而塑造习惯）产生的无意识的习惯过程的结果。

美国麻省理工学院的一项研究发现，锻炼者的社交网络对其体育锻炼习惯具有重要的影响（Aral et al., 2017）。该研究利用跨地区气候模式的外因变化，识别全球社交网络中体育锻炼习惯的社交传播，在对超过 5 年的时间里跑步 3 亿 5000 多万千米的 110 万人的日常锻炼行为模式的数据进行分析后发现，体育锻炼习惯是可以通过社交传播的，其传播能力随着朋友之间的相对活动性以及性别的关系改变。不积极的跑步者会对积极的跑步者产生影响，反之不会。男性和女性都会影响男性跑步者，却只有女性会影响其他女性跑步者。因此，该研究认为考虑了社交传播的干预措施将能够更为有效地传播体育锻炼习惯。另外，对日常习惯强度最为有效的评估或许涉及了对反应时间的测量，例如对接触相关的情境线索的习惯性反应的易得性测量（Neal et al., 2012）。值得注意的是，随着可穿戴技术的发展和社交网络的数据共享，研究者正在使用有内置加速度计的智能手机来测量、记录和比较人们体育锻炼的频率、锻炼路径与速度（Althoff et al., 2017；Aral & Nicolaides, 2017）。

体育活动往往是青少年生活当中的重要内容，因此城市的体育建成环境和场地设施，对于满足青少年对体育活动的需求已显得十分重要。并且，在现代生活社会中，共享单车和健身步道等锻炼线索的存在，也将促进市民更多地锻炼。同时，体育部门对青少年聚集地附近的公园、广场、健身步道的建设和体育活动场地设施的增设，也将对青少年体育锻炼习惯的形成产生正向的效果。

体育锻炼习惯的保持过程除了需要线索提示外，还需要监测和反馈，这在体育锻炼习惯的影响因素中可能体现在自身锻炼目标完成的满意感和父母、同伴、老师的指导和关注。值得注意的是，在社会因素方面，政府的推广也是参与锻炼的青少年尤为关注的，这也是持续的、一致性的线索诱导。在科技发展的今天，可穿戴数据记录设备和手机等移动设备的使用无时不在，又对体育锻炼习惯的监测、反馈以及社会交往、社会激励有了良性的影响。

6.3.4 促进社区、学校与家庭体育网络体系的建立

随着社会的发展和科学技术的不断进步，传统的青少年体育生活方式已经逐步发生了改变。目前，青少年的体育锻炼习惯养成途径已从过去较单一固定的途径转变为多方位、多元化、个性化的方式。根据前文研究所获得的信息，笔者认为家庭、学校、社会三方面的影响因素均对青少年体育锻炼习惯的养成有着重要的作用，建议在今后的体育锻炼习惯干预中建立家庭、学校、社区一体化的网络体系，进一步全方位影响青少年体育锻炼习惯的养成，最终形成课内外一体化的青少年体育生活方式促进体系。社会体育，主要包括政府、社会组织对青少年锻炼行为提供场地设施的建成环境、营造良好体育宣传环境、打造大型赛事、促进体育信息的传播等；学校体育主要在学校实施，形成学校体育课和体育健身俱乐部互补的学校体育教学环境，并且为青少年群体提供锻炼的伙伴和相应的体育知识；家庭体育主要通过亲子体育活动等形式促进父母与子女之间的交流与沟通，加强对子女的身体发育监控，取得良好的效果。通过学校体育与家庭体育、社会体育的有机结合，"立体式"的青少年体育生活方式系统网络形成，全方位渗透，使得家庭、学校和社会因素相互补充、相得益彰。

在社区体育方面，社区是青少年体育的载体和重要基地，是在地缘基础上

较为靠近的场域，适宜于开展各类体育活动。由于城市化建设的不断发展和交通工具的便利，青少年参与体育活动的空间和广度不断加大，社区体育也逐步从在本社区内开展活动发展到社区组织共同开展各种体育娱乐活动。

在体育文化传播、体育活动形式等方面，便利的体育活动时间、稳定的场地器材、相对固定的和相近的锻炼群体为社区体育开展提供了必要条件。这些条件使社区体育活动成为青少年业余时间参与体育锻炼和体育活动的途径，有助于青少年在日常生活中养成体育锻炼习惯。

在学校体育方面，体育教育和体育运动已经形成了一套通过实践来发展健康生活所必需的规范和规则，促使青少年从身体和道德的角度来看积极的社会生活方式。体力实践活动对青年一代的健康水平以及他们的社会交往都有积极的影响，甚至影响他们职业和个人生活的成功（Sabina Macovei, 2014）。

在学校因素中，老师的教学理念、学校体育社团、健康课程都会对学生体育锻炼习惯的养成产生较强的正向影响。学生在校时间很长，生活环境单一，因此学校教育对学生的体育意识、体育行为都将会有深远的影响。

学校体育教师应进一步重视体育对学生的作用，加大学校体育教育改革力度，充分调动体育教师在各方面的积极作用；应注重利用挖掘现有的场地的使用潜力，力争改善和增设场地、设施，给学生更多的锻炼空间和锻炼选择；应注重体育竞赛开展对学生体育锻炼习惯的导向性作用，为培养学生体育锻炼习惯奠定基础。

在家庭体育方面，Williams（2004）研究发现，健康饮食、每晚适当休息、每天进行体育锻炼的孩子体重减轻，感觉更好，在学校的表现也更好。随着社会变迁，家庭代际层次减少，代际关系简化，家长与孩子情感交流减少，祖辈过多参与青少年成长，目前家庭影响在青少年体育锻炼习惯促进方面还不充分。

因此，应该逐渐把家庭体育作为家庭生活中的重要内容，使亲子体育活动、家庭体育娱乐活动成为全民体育健身的一道风景线。众多家庭在享受体育健身带来的愉悦和情感交流的同时，素养也不断提升，家庭关系也更和谐、融洽。为了提高青少年的参与度，父母的支持非常重要。而且根据本研究的结果，孩子年龄越小，家庭对其参与体育锻炼的重要性越大。家庭体育也能为青少年提供安全、愉快的体育活动机会。

青少年不仅是家庭的孩子，也不仅是学校的学生，更是整个社会呵护的个体。家庭、学校和社会应共同承担起青少年培养的义务，发展青少年体育锻炼行为，从而使其通过长期的努力形成体育锻炼习惯，实现生活质量的提高。

6.4 本章小结

从前文的问卷调查访谈和模型验证可以看出，个人、学校、家庭、社会因素均可以很好地影响锻炼习惯的养成过程。体育锻炼习惯养成各模块的影响因素之间均有着相互联系，进一步证明了影响体育锻炼习惯的因素的复杂性。

本章总结了已有研究中锻炼习惯养成的机制，多分为生理机制、心理机制和哲学机制，有助于理解体育锻炼习惯影响因素的作用机制。对不同年龄段、性别青少年的锻炼习惯影响因素的分析发现，体育锻炼习惯具有形成的早期性、影响因素的多样性、奖励作用的动态性和习惯养成的长期性的特点。通过对体育锻炼习惯双系统理论的进一步研究，笔者认为体育锻炼习惯影响因素通过情景线索、激励和锻炼行为促进对体育锻炼习惯起作用。在实际情况中，个人、家庭、学校和社会的因素不仅存在于青少年前期促进意识产生阶段，也存在于情景线索的提示作用中。社会层面作用机制中强调的是个人、家庭、学校、社会因素的整体性和内部关系的互动性，主要通过对目标的激励和情境线索提示，影响锻炼行为的重复发生从而使青少年形成体育锻炼习惯。根据对体育锻炼习惯影响因素作用机制的分析，笔者提出了应进一步关注认知－意向－行动－保持的体育锻炼习惯形成过程，注重锻炼意识诱导，促进体育锻炼习惯持续的线索提示，促成社区、学校、家庭的体育锻炼习惯促进网络体系，实施青少年体育锻炼习惯的干预策略。

7 结论与展望

7.1 结论

7.1.1 运用体育锻炼行为调查和访谈观测了青少年体育锻炼习惯养成的现状

国际体力活动问卷和自我报告习惯指数调查和访谈结果表明，青少年体育锻炼习惯养成整体情况有待改善，影响体育锻炼习惯养成的因素趋于多元。青少年自我感觉健康状况良好，但由于久坐、屏幕依赖等不良生活方式，导致青少年身体活动时间不足，多数青少年未形成体育锻炼习惯，其中女生差于男生；青少年体育课内外身体活动量不够；青少年有一定的参与锻炼的意识和认知，但在锻炼主动性和知识方面有所欠缺。问卷及访谈调查结果显示，青少年体育锻炼习惯的形成过程受个人、家庭、学校和社会多方面因素的影响。

7.1.2 构建了青少年锻炼习惯养成影响因素模型并验证因素重要性与复杂性

为了探究青少年锻炼习惯养成的影响因素及其权重，本研究构建了青少年体育锻炼习惯养成影响因素的理论模型，揭示出包含个人、家庭、学校、社会四个方面的 32 条目的影响因素，通过专家赋权的 AHP 建构模型，为揭示青少年锻炼习惯影响因素及其内部机制提供测量工具。

本研究运用验证性因子分析和层次聚类的方法验证了体育锻炼习惯影响因素模型。结果显示，个人、家庭、学校、社会的影响因素模型中，各因素（25条目）均对体育锻炼习惯的养成产生重要影响。其中学校因素高于其他影响因素，鉴于青少年的成长环境，应重视学校体育教育对其体育锻炼习惯养成的影响。

本研究运用体育锻炼习惯影响因素问卷和 SRHI 量表进一步分析模型中各条目对青少年体育锻炼习惯养成的影响程度，显示个人因素中的享受乐趣、舒缓压力、实现目标的满意感和体育活动主动性有助于青少年产生并保持体育锻炼习惯；在家庭因素中，父母体育知识和运动习惯、家庭体育锻炼氛围和父母对体育运动的态度是重要影响因素；在学校因素中，学业压力、体育老师指导水平、参加学校的体育社团、同伴们参与体育锻炼在青少年的体育锻炼习惯养成中亦有不可或缺的地位；在社会因素中，政府大型体育活动、城市运动设施易得性和政府推广是影响青少年体育锻炼习惯养成的较重要因素。

体育锻炼习惯影响因素各模块之间均有复杂性的联系。学校因素可能对青少年在体育中感受的乐趣或个人满意感和学业压力等方面有负向的影响。社会因素与各因素之间的关系系数较高并且均是正向的影响。

7.1.3 青少年锻炼习惯影响因素模型的异质性分析

本研究运用青少年体育锻炼习惯影响因素问卷和自我报告习惯指数量表数据，分析了不同性别和不同年龄段青少年体育锻炼习惯影响因素之间的差异。结果表明，不同性别青少年在个人、家庭、学校、社会影响因素和体育锻炼习惯均存在显著性差异，男性明显优于女性。对不同年龄段青少年的分析显示，年龄越小，体育锻炼习惯受到家庭影响越明显。青少年随着年龄的增加，受学校影响越明显，16 ～ 18 岁阶段受学校因素影响达到峰值，随着青少年的不断成长，社会因素的影响逐步显现。

7.1.4 揭示了青少年体育锻炼习惯影响因素的作用机制

本研究建立了锻炼习惯影响因素作用机制，即情景线索、激励和锻炼行为对青少年体育锻炼习惯养成具有促进作用。在个体层面上，锻炼意识和情景线索是个人、家庭、学校、社会影响因素作用的关键。社会层面作用机制体现在个人、家庭、学校和社会的整体效应和各因素间的互动关系。作用机制的特点表现为体育锻炼习惯促进的早期性、影响因素的多样性、奖励作用的动态性和习惯养成的长期性。

7.1.5 根据影响因素作用机制予以青少年锻炼习惯干预

应该进一步关注认知－意向－行动－保持的体育锻炼习惯形成过程，注重锻炼意识诱导，促进体育锻炼习惯持续的线索提示，促进社区、学校、家庭的体育锻炼，促进网络体系建立的青少年锻炼习惯干预策略。通过加大政府政策推动力、促进社会组织充分发展、注重建成环境线索提供、加大媒体传播推广效益、完善青少年科技服务体系和建立融合发展的体育生活方式等方式，全方位促进青少年锻炼习惯的养成。

7.2 不足与展望

通过对青少年锻炼习惯养成的影响因素研究，本研究基本上了解了青少年体育锻炼习惯的现状规律，并且对体育锻炼习惯养成影响因素的理论模型进行了构建，经过验证发现，建构的影响体育锻炼习惯养成的模型能够很好地和体育锻炼习惯自评量表形成互相验证，揭示了青少年体育锻炼习惯养成影响因素作用机制及其特点，获得了一定的研究进展。应用AHP层次分析法进行了理论模型的加权，应用SPSS、Python数据拟合与线性回归算法对模型进行了验证，绘制了回归分析图、相关分析图和聚类分析图，在方法上也有一定的创新。

本研究虽然在青少年体育锻炼习惯养成因素方面取得了初步研究成果，但仍有进一步提高的空间。鉴于体育锻炼习惯的研究有长期性和被多种因素影响的特点，本研究受到人力、财力和研究平台的局限，仅通过调查和访谈的方式对青少年锻炼习惯的影响因素进行了横断面研究，从体育锻炼行为的角度观测锻炼习惯养成过程中的影响因素作用机制。

后续在条件允许的情况下，对青少年锻炼习惯的问题进行长期的观察和跟踪研究将是能够更深入研究青少年锻炼习惯问题的方法。一方面，要进一步完善青少年体育锻炼习惯养成影响因素模型，同时获取高质量的数据用以验证模型，并且运用基于计算机技术的现代机器学习方法（如深度学习），在该领域进行有效的数据挖掘，实现青少年体育锻炼习惯研究的创新，形成相应的理论和方法，促进青少年养成好的体育锻炼习惯。另一方面，可穿戴设备等便利的跟踪研究工具的进步为跟踪青少年锻炼习惯的程度和相关生活方式因素的准确估计提供了可能。另外，访谈、深度访谈和扎根理论的质性研究方法的应用，可能也能促使更好地研究体育锻炼习惯养成的过程。

体育锻炼习惯的养成是健康生活方式的重要组成部分，希望青少年通过加强体育锻炼、养成运动习惯，进行正常的身体发育，促进健康成长。青少年体育锻炼习惯的养成应该从给青少年创造更多的身体锻炼机会、开发更多的场地资源、拓展课外活动的娱乐性和培养青少年的乐群性几个方面着手。建议学校或社区等为青少年参与体育锻炼提供更多的场所和活动，使青少年体育锻炼习惯在个人、学校、家庭和社会因素方面得到全方位发展并形成互补和互动，促进青少年体育锻炼习惯的形成，从而促进健康生活方式的形成。

本研究发现，从学生参与体育活动的强度来看，目前广大青少年学生基本上没有形成锻炼的习惯，参与体育活动明显不足，建议学校除了开设体育课程之外，还要积极开展课外活动，增加学生参加课外体育活动的机会和强度。步行已成为青少年目前较为集中的身体活动方式，建议政府对青少年步行的途径和强度等进行多方面规划和设计。久坐仍然是青少年没有参加体育锻炼或身体活动的因素，而且电脑的普及和广泛应用已经影响了青少年的生活方式，建议在新媒体发展、传播过程中推行倡导身体活动的途径和指导，减少青少年对于新媒体的依赖。另外，坐车已经成了青少年久坐的一个重要内容，建议教育部门进一步促进教育公平化，减轻青少年上学路途的奔波，亦可以减少久坐时间。家庭的影响对于青少年体育锻炼习惯的形成有着一定的影响，部分家长对于青少年学业的要求仍然对青少年参加体育活动减少有着影响，希望学校和社会拓宽宣传渠道，传递正确的价值观和人生观，形成良好的家庭体育促进氛围。学业压力未对青少年的睡眠造成严重的影响，但是目前青少年仍存在一定程度的睡眠问题，这一问题值得进一步的关注，也可能与青少年缺乏体育活动和久坐等方式有关，因此建议青少年日常多参加不同强度的体育活动以期改善睡眠质量。体育课程资源和课程开展方式还有待进一步开发，以满足学生在体育课中达到一定的活动时间和运动量。学生课外体育锻炼的方式、方法还有待于进一步研究，体育社团、家庭体育等组织方式应该得到进一步拓展，才能更好地满足学生课余的体育锻炼需求。强化体育课教学和课外体育锻炼是青少年健康生活方式和运动习惯养成的重要干预手段。

随着现代社会的发展，青少年的生活方式发生了深刻的变化。新媒体的迅速发展使青少年对媒体的依赖性增强，沉迷于电脑和手机的青少年越来越多，导致其运动不足、人际交流减少，影响了青少年身心的健康发展。青少年需要通过体育运动减少对虚拟世界的依赖，更多地参与社会活动，加强人际交流，建立良好的生活方式。学校、家庭和社会形成合力对青少年进行引导和教育是青少年形成健康的生活方式和良好的体育锻炼习惯的重要保障。

8 附录

附录一

学生健康、体能活动及生活习惯问卷

基本信息

编号	学校名称	年级	性别	年龄

请在您认为符合的选项上打"√"。

问卷一：健康情形

1. 你认为自己的健康

□ 很好

□ 好

□ 一般

□ 不太好

□ 很不好

2. 个人病例

病史	请问你有没有下列疾病			有没有就医	
	有	没有	不知道	有	没有
气喘					
心脏病					
高血压					
糖尿病					
手脚受伤（肢体障碍）					
其他（请写出）					

3. 生活情况

请在下列表格的数字下的空格中打"√"，用 0 ～ 10 的程度表达你的生活情况。

最好的生活———————————————————————最差的生活									
10	9	8	7	6	5	4	3	2	1

问卷二：体能活动量

请告诉我们过去七天里你日常生活中的身体活动情形（包括体育课及其他所有活动）。

1. 你过去七天的身体活动与你平常的身体活动比较起来，是

☐ 比较多

☐ 比较少

☐ 差不多

2. 剧烈的体能活动情况

剧烈的体能活动表示：这些活动会让你的身体感觉很疲累，呼吸会比平常快很多，满头大汗，没办法一边活动一边跟别人轻松说话。剧烈的体能活动是跟跑步差不多强度的活动。

例如：篮球、快速游泳、快速踏脚踏车、上山爬坡、打球（如篮球、足球、网球单打）、持续来回不停地游泳（不含慢游、玩水）、来回快速溜冰、跳绳、有氧舞蹈/街舞、快速踏脚踏车、搬运大于 10 千克的重物（如 20 个饭盒、5 瓶 2 千克的可乐）、柔道、跆拳道、攀石。

① 过去七天中，你有多少天连续做 10 分钟以上剧烈的体能活动？

☐ 0 天

☐ 1 天

☐ 2 天

☐ 3 天

☐ 4 天

☐ 5 天

☐ 6 天

☐ 7 天

② 这些天中，你平均一天会花多少时间在剧烈的体能活动上？

☐ 10 分钟

☐ 11～20 分钟

☐ 21～30 分钟

☐ 31～40 分钟

☐ 41～50 分钟

☐ 51～60 分钟

□ 1～2 小时

□ 2～3 小时

□ 3 小时以上

□ 不知道/不确定

3. 中等强度的体能活动情况

中等强度的体能活动表示：这些活动会让你感觉身体有点累，呼吸会比平常快一些，流一些汗，没办法一边活动一边轻松唱歌。中等强度的体能活动是跟急步行差不多强度的活动。

例如：打球（如棒球、垒球、羽毛球、排球、乒乓球、网球双打）、下山健走、用一般速度游泳、用一般速度踏单车、下楼梯、舞蹈（如健体舞、Hip Hop、芭蕾舞、土风舞、民族舞蹈）、玩滑板、吊单杠、玩飞碟、拿有点重的东西走路（4.5～9 千克，如重的书包、两包 A4 纸、一箱 24 瓶罐装饮料）、粗重的打扫工作（搬移教室桌椅、用手擦地、清洗窗户）。

① 过去七天中，你有多少天连续做 10 分钟以上中等强度的体能活动？（不包括问题 2 中剧烈的体能活动）

□ 0 天

□ 1 天

□ 2 天

□ 3 天

□ 4 天

□ 5 天

□ 6 天

□ 7 天

② 过去七天中，你平均一天会花多少时间在中等强度的体能活动上？（不包括问题 2 中剧烈的体能活动）

□ 1～2 小时

□ 2～3 小时

□ 3 小时以上

□ 不知道/不确定

4. 从下表 0 ～ 10 的等级中，根据运动情况只选一个等级。

没有运动习惯者，选 0 至 2	
0 完全没有任何运动，大部分时间是坐着或睡觉	
1 除了在体育课有少许活动外，其余所有时间都没有运动	
2 除了上体育课时有积极参与运动外，其余所有时间都没有运动	
除了上体育课有运动外，平时间或有运动习惯者，选 3 至 6	
3 每星期都有一至两次 20 分钟以上低强度运动	
4 每星期都有三次以上 20 分钟以上低强度运动	
5 差不多每天都有一次 20 分钟以上低强度运动	
6 每星期都有一至两次 20 分钟以上中等强度运动	
除了上体育课有运动外，平时经常有运动习惯者，选 7 至 10	
7 每星期都有三次至五次中等强度运动（每次 20 分钟或以上）	
8 差不多每天都有中等强度运动（每次 20 分钟或以上）	
9 每星期都有不多于三次剧烈运动（每次 20 分钟或以上）	
10 差不多每天都有剧烈运动（每次 20 分钟或以上）	

5. 想想看过去七天中，你有多少天曾经连续步行 10 分钟以上？

（包括上下学、外出交通以及你为了去玩、去运动花在步行上的时间）

□ 0 天

□ 1 天

□ 2 天

□ 3 天

□ 4 天

□ 5 天

□ 6 天

□ 7 天

如选择 0 天，请跳答至第 8 题。

6. 过去七天中，你平均一天花多少时间步行？

□ 10 分钟

□ 11 ～ 20 分钟

□ 21 ～ 30 分钟

□ 31 ～ 40 分钟

□ 41 ～ 50 分钟

□ 51～60 分钟

□ 1～2 小时

□ 2～3 小时

□ 3～4 小时

□ 4～5 小时

□ 5 小时以上

□ 不知道/不确定

7.过去七天要上学的日子，你平均一天坐着的时间有多久？请将上学、补习、在家做功课及休闲的时间都算进去，包括坐在桌前、上课、看书、打电动、看电视、下棋、坐着玩游戏、使用智能电话、吃饭、坐车。

□ 2 小时以内

□ 2～4 小时

□ 4～6 小时

□ 6～8 小时

□ 8～10 小时

□ 10～12 小时

□ 12～14 小时

□ 14～16 小时

□ 16 小时以上

8. 过去七天要上学的日子中，放学后坐着时花在下列事情上的时间，平均一天有多久？

（1）看电视	（2）玩电动、上网、使用计算机及智能电话	（3）看课外书、报纸、漫画、杂志、小说	（4）坐车	（5）坐着上课、写功课
□ 都没有	□ 都没有	□ 都没有	□ 都没有	□ 都没有
□ 1 小时内	□ 1 小时内	□ 1 小时内	□ 1 小时内	□ 1 小时内
□ 1～2 小时	□ 1～2 小时	□ 1～2 小时	□ 1～2 小时	□ 1～2 小时
□ 2～3 小时	□ 2～3 小时	□ 2～3 小时	□ 2～3 小时	□ 2～3 小时
□ 3～4 小时	□ 3～4 小时	□ 3～4 小时	□ 3～4 小时	□ 3～4 小时
□ 4～5 小时	□ 4～5 小时	□ 4～5 小时	□ 4 小时以上	□ 4～5 小时
□ 5～6 小时	□ 5～6 小时	□ 5～6 小时		□ 5～6 小时
□ 6～7 小时	□ 6～7 小时	□ 6～7 小时		□ 6～7 小时

（1）看电视	（2）玩电动、上网、使用计算机及智能电话	（3）看课外书、报纸、漫画、杂志、小说	（4）坐车	（5）坐着上课、写功课
□7～8小时	□7～8小时	□7～8小时		□7～8小时
□8～9小时	□8～9小时	□8～9小时		□8～9小时
				□9～10小时
				□10～11小时
				□12小时以上

9.过去七天中，放假的那几天，坐着的时间花在下列事情平均一天有多久？

（1）看电视	（2）玩电动、上网、使用计算机及智能电话	（3）看课外书、报纸、漫画、杂志、小说	（4）坐车	（5）坐着上课、写功课
□都没有	□都没有	□都没有	□都没有	□都没有
□1小时内	□1小时内	□1小时内	□1小时内	□1小时内
□1～2小时	□1～2小时	□1～2小时	□1～2小时	□1～2小时
□2～3小时	□2～3小时	□2～3小时	□2～3小时	□2～3小时
□3～4小时	□3～4小时	□3～4小时	□3～4小时	□3～4小时
□4～5小时	□4～5小时	□4～5小时	□4小时以上	□4～5小时
□5～6小时	□5～6小时	□5～6小时		□5～6小时
□6～7小时	□6～7小时	□6～7小时		□6～7小时
□7～8小时	□7～8小时	□7～8小时		□7～8小时
□8～9小时	□8～9小时	□8～9小时		□8～9小时
				□9～10小时
				□10～11小时
				□12小时以上

10. 你认为目前的家课作业学习负担如何？

□ 很重

□ 一般

□ 不重

11. 你的家长有建议你因为学业而减少参与体育活动吗？

□ 有

□ 没有

12. 过去七天中，你在不同情况下通常几点睡觉？

（1）要上学的日子，你通常几点起床	（2）要上学的日子，你通常几点睡觉	（3）节假日，你通常几点起床	（4）如果明天不用上学，那天晚上你通常几点睡觉
□ 5 点	□ 9 点	□ 5 点	□ 9 点
□ 5 点半	□ 9 点半	□ 5 点半	□ 9 点半
□ 6 点	□ 10 点	□ 6 点	□ 10 点
□ 6 点半	□ 10 点半	□ 6 点半	□ 10 点半
□ 7 点	□ 11 点	□ 7 点	□ 11 点
□ 7 点半	□ 11 点半	□ 7 点半	□ 11 点半
□ 8 点	□ 12 点	□ 8 点	□ 12 点
□ 8 点半	□ 12 点半	□ 8 点半	□ 12 点半
□ 9 点	□ 1 点	□ 9 点	□ 1 点
□ 9 点半	□ 1 点半	□ 9 点半	□ 1 点半
□ 10 点	□ 2 点	□ 10 点	□ 2 点
□ 10 点半	□ 2 点半	□ 10 点半	□ 2 点半
□ 11 点	□ 3 点	□ 11 点	□ 3 点
□ 11 点半	□ 3 点半	□ 11 点半	□ 3 点半
□ 12 点以后	□ 4 点以后	□ 12 点以后	□ 4 点以后

13. 最近一个月，你读书时有精神不足的问题吗？

□ 完全没有问题

□ 只有轻微的问题

□ 有些问题

□ 有很大的问题

14. 最近一个月，每周有多少次在上课、写作业、看电视、使用计算机或吃饭时，有想睡觉或精神不好的情形？

□ 从来没有

□ 一周一次

☐ 一周两到三次

☐ 一周四次以上

15. 最近的一个月，你认为自己的整体睡眠质量如何？

☐ 非常好

☐ 尚可

☐ 有些差

☐ 非常差

16. 这个学期上体育课时，通常你一堂课中真正在"动"的时间平均有多久？

☐ 我不参加体育课

☐ 少于 10 分钟

☐ 11 ～ 20 分钟

☐ 21 ～ 30 分钟

☐ 31 ～ 40 分钟

☐ 41 ～ 50 分钟

☐ 51 ～ 60 分钟

17. 你是否喜欢上体育课？

☐ 喜欢

☐ 一般

☐ 不喜欢

18. 学校是否支持鼓励你参与运动？

☐ 完全不支持

☐ 颇不支持

☐ 有些支持

☐ 非常支持

19. 你的老师是否支持鼓励你参与运动？

☐ 完全不支持

☐ 颇不支持

☐ 有些支持

☐ 非常支持

20. 你的父母是否支持鼓励你参与运动?

□ 完全不支持

□ 颇不支持

□ 有些支持

□ 非常支持

21. 你的同学、朋友是否支持鼓励你参与运动?

□ 完全不支持

□ 颇不支持

□ 有些支持

□ 非常支持

22. 这个学期,你有没有参加学校或小区的运动社团（不含体育课)?

□ 没有

□ 有

23. 平均每周运动时间有多久?

□ 30 分钟以下

□ 30 分钟～ 1 小时

□ 1 ～ 2 小时

□ 2 小时以上

24. 你参加的运动是下列哪些种类?

□ 田径	□ 竞技游戏	□ 游泳	□ 足球	□ 篮球	□ 排球
□ 手球	□ 乒乓球	□ 羽毛球	□ 网球	□ 壁球	□ 高尔夫球
□ 啦啦队	□ 毽球	□ 自行车	□ 跳绳	□ 舞蹈	□ 体操
□ 柔道	□ 武术	□ 跆拳道	□ 空手道	□ 太极	□ 舞龙舞狮
□ 滑板	□ 帆船 / 帆板	□ 划船 / 龙舟	□ 攀石	□ 射箭	□ 桌球
□ 保龄球	□ 投球	□ 合球	□ 橄榄球	□ 棒球	□ 垒球
□ 滑冰	□ 轮滑	□ 打鼓	□ 旱地冰球		
其他（请填写）					

25. 在过去三个月，你通常在哪些地方做运动呢？

（最多选两项，标注 1 或 2，1 为最常，2 为次常）

☐ 政府提供的运动设施

☐ 家中

☐ 办公室

☐ 学校／学院／大学设施

☐ 私人住家设施（如大厦或小区运动设施、空间）

☐ 私人会所（如私人行业俱乐部、足球俱乐部、网球俱乐部、高尔夫球俱乐部等）

☐ 商业性质的健身中心

☐ 公园郊外

☐ 一般空旷地方

☐ 其他（请注明）：_____（如室内体育场馆、室外球场、运动场、公园、游泳池）

26. 最近三个月参加的运动是由哪个团体举办？

（只选两项√）

☐ 政府运动部门

☐ 其他政府机构

☐ 学校／学界

☐ 私人会所（如私人行业俱乐部、足球俱乐部）

☐ 商业性质的健身中心

☐ 私人住家设施（如大厦或小区运动设施、空间）

☐ 各类体育活动总会

☐ 小区

☐ 自己或朋友安排

☐ 其他（请注明）：_____

☐ 不知道

27. 过去三个月你通常与何人一起做运动？

（最多选两项，标注 1 或 2，1 为最常，2 为次常）

☐ 父母

☐ 兄弟姊妹

□ 老师

□ 教练

□ 朋友

□ 亲戚

□ 同学

□ 家庭佣工

□ 单独自己

□ 宠物

□ 其他（请注明）：_____

28. 你认为自己日常生活（包括体育课）中的体能活动量是否足够呢？

□ 非常足够

□ 足够

□ 不足够

□ 非常不足

□ 不知道

29. 你每星期会与父母一起进行多少天体能活动？

□ 没有

□ 一天

□ 二天

□ 三天

□ 四天

□ 五天

□ 六天

□ 七天

□ 不知道

30. 你认为现时（城市）的运动设施是否足够呢？

□ 非常足够

□ 足够

□ 不足够

□ 非常不足够

□ 没有意见

31. 让你不能或不想经常进行体能活动的原因是什么？你觉得它们有多重要？（单选）

项目重视程度：（1）非常重要（2）重要（3）不太重要（4）不重要

没有伙伴及指导 □（1）□（2）□（3）□（4）

懒散不喜欢运动 □（1）□（2）□（3）□（4）

健康因素 □（1）□（2）□（3）□（4）

资源不足（场地、器材、设备、花费）□（1）□（2）□（3）□（4）

不好意思 □（1）□（2）□（3）□（4）

没有时间 □（1）□（2）□（3）□（4）

家庭牵绊 □（1）□（2）□（3）□（4）

天气因素 □（1）□（2）□（3）□（4）

32. 让你想运动或真的去经常进行体能活动的原因是什么？你觉得它们多重要？（单选）

（1）不重要（2）不太重要（3）重要（4）非常重要

增加体力、强健体魄 □（1）□（2）□（3）□（4）

促进健康 □（1）□（2）□（3）□（4）

促进友谊、增加互动 □（1）□（2）□（3）□（4）

让生活过得更好、工作做得更好 □（1）□（2）□（3）□（4）

享受运动乐趣、舒解压力 □（1）□（2）□（3）□（4）

修饰身材，改善形象 □（1）□（2）□（3）□（4）

睡得更好、精神饱满 □（1）□（2）□（3）□（4）

33. 你对自己参与惯常的体能活动的能力的看法如何？（单选）

（1）不能做到（2）不太确定（3）可以做到（4）一定可以做到

能找到合适的活动项目 □（1）□（2）□（3）□（4）

能找到合适的活动场地 □（1）□（2）□（3）□（4）

能做对自己有益的活动 □（1）□（2）□（3）□（4）

能做暖身活动 □（1）□（2）□（3）□（4）

能使活动成为生活的一部分 □（1）□（2）□（3）□（4）

能避免在活动时受伤 □（1）□（2）□（3）□（4）

能知道何时必须停止活动 □（1）□（2）□（3）□（4）

34. 你现在是否经常留意与运动有关的数据或消息（如电视、报章杂志）？

☐ 经常

☐ 有时

☐ 很少

☐ 从不

35. 以你所知，政府对推广运动的支持程度如何？

☐ 完全不支持

☐ 颇不支持

☐ 有些支持

☐ 非常支持

36. 以你所知，政府现在是否有推广市民运动的计划？

☐ 有

☐ 没有

☐ 不知道

37. 你从哪些途径或媒体知道政府所推行的运动推广计划？（可多选）

☐ 报纸或杂志

☐ 网络

☐ 电视

☐ 海报或宣传单张/宣传横批

☐ 电台

☐ 朋友/同学

☐ 学校

☐ 家人/亲戚

☐ 政府提供的体育场地

☐ 其他

问卷三：认识自己的身体

1. 你认为自己的体重如何？

☐ 太轻

☐ 有点轻

☐ 刚好

☐ 有点重

□ 太重

2. 为了健康，你认为自己的体重应该如何？

□ 增加很多

□ 增加一点

□ 跟现在差不多

□ 减少一点

□ 减少很多

3. 你喜欢自己的身材吗？

□ 很喜欢

□ 喜欢

□ 还好

□ 不喜欢

□ 很不喜欢

4. 你在乎别人对你身材看法吗？

□ 很在乎

□ 在乎

□ 还好

□ 不在乎

□ 很不在乎

5. 你过去一年有没有尝试减重？

□ 没有

□ 很少

□ 有时

□ 常常

□ 总是

6. 为了减重，你会故意吃少一点或者不吃吗？

□ 没有

□ 很少

□ 有时

□ 常常

□ 总是

7. 为了减重，你会把东西吃下去后，再故意吐出来吗？

☐ 没有

☐ 很少

☐ 有时

☐ 常常

☐ 总是

问卷四：我吃了哪些食物

请你想一想，过去 7 天，你每天吃了哪些食物，请选择最相符的答案，画在答案卡上。

1. 水：你平均每天喝多少水（包括水、奶、饮料、汤）？

举例：1 瓶水等于 500 毫升的瓶装矿泉水

☐ 少于 1 瓶

☐ 1 瓶

☐ 2 瓶

☐ 3 瓶

☐ 4 瓶

☐ 5 瓶以上

2. 水果：你平均每天吃几份水果？

举例：1 份水果等于 1 个中等大小的橙子或 10 颗葡萄或 1 碗切块的水果

☐ 都没有

☐ 每天吃不到 1 份

☐ 每天吃 1 份

☐ 每天吃 2 份

☐ 每天吃 3 份以上

3. 蔬菜：你平均每天吃几份蔬菜（不包括马铃薯、胡萝卜、粟米）？

举例：1 份蔬菜等于半碗煮熟的菜

☐ 都没有

☐ 每天吃不到 1 份

☐ 每天吃 1 份

☐ 每天吃 2 份

☐ 每天吃 3 份以上

4. 奶类食物：你平均每天吃几份奶酪食物？

举例：1 份此类食物等于牛奶 1 杯或乳酪 1 杯或盒装奶 1 盒（240 毫升）或芝士一片

☐ 都没有

☐ 每天吃不到 1 份

☐ 每天吃 1 份

☐ 每天吃 2 份

☐ 每天吃 3 份以上

5. 肉鱼豆蛋类：你平均每天吃几份肉鱼豆蛋？

举例：1 份此类食物等于鸡蛋 1 个或传统豆腐 1 块或豆浆 1 杯（240 毫升）或煮熟的约成年人半个手掌大的猪、羊、牛、鸡、鸭、鹅、鱼

☐ 都没有

☐ 每天吃 1 份

☐ 每天吃 2 份

☐ 每天吃 3 份

☐ 每天吃 4 份

☐ 每天吃 5 份

☐ 每天吃 6 份以上

6. 五谷根茎类：你平均每天吃几份五谷根茎类食物（饭、面、面包、馒头、土司）？

举例：1 份此类食物等于 1 碗干饭（米粉）或 2 碗稀饭（汤面）或 1 个中型馒头或菠萝面包 1 个

☐ 都没有

☐ 每天吃 1 份

☐ 每天吃 2 份

☐ 每天吃 3 份

☐ 每天吃 4 份

☐ 每天吃 5 份

☐ 每天吃 6 份以上

7. 你会吃全麦类食物（糙米、胚芽米、杂粮面包、全麦多士、麦片等）吗？

☐ 会

☐ 不会

8. 你平均每天吃几种油多的食物？

① 油炸的食物：炸排骨、炸鸡排、炸鸡块、炸薯条等。

☐ 几乎都没有

☐ 每天吃 1 种

☐ 每天吃 1 种

☐ 每天吃 2 种

☐ 每天吃 3 种

☐ 每天吃 4 种以上

② 糕饼点心：蛋黄酥、蛋挞、葡挞、老婆饼、月饼、苹果派等。

☐ 几乎都没有

☐ 每天吃 1 种

☐ 每天吃 1 种

☐ 每天吃 2 种

☐ 每天吃 3 种

☐ 每天吃 4 种以上

9. 过去 7 天，你有几天喝加糖饮料（如汽水、可乐、奶茶、甜豆浆）？

☐ 都没有

☐ 1～2 天

☐ 3～4 天

☐ 5～6 天

☐ 每天

10. 过去 7 天，你有几天吃早餐？

☐ 都没有

☐ 1～2 天

☐ 3～4 天

☐ 5～6 天

☐ 每天

11. 过去 7 天，你有几天吃夜宵？

□ 都没有

□ 1～2 天

□ 3～4 天

□ 5～6 天

□ 每天

附录二

青少年锻炼习惯养成影响因素问卷（32 条目）

性别：□ 男　□ 女

年龄段：□ 13～15 岁　□ 16～18 岁　□ 19～21 岁　□ 22～25 岁

省份：_____

序号	请选择你认为最符合你的情况：你认为×××因素能影响你的锻炼习惯形成	非常符合	很符合	一般	不太符合	完全不符合
1	参与体育活动主动性					
2	享受乐趣、舒解压力					
3	结交朋友、拓展社交					
4	个人健身意识					
5	实现目标的满意感					
6	避免运动中受伤					
7	积极的自我评价					
8	体育活动乐趣					
9	父母喜欢体育活动					
10	父母体育知识与运动习惯					
11	家庭体育锻炼气氛					
12	家庭经济条件					
13	祖辈承担生活照顾					
14	亲人的交流与支持					
15	父母受教育程度					
16	父母对子女时间的管理					
17	学校的活动场地条件					
18	参加学校的体育社团					
19	同伴们参与体育锻炼					
20	学业压力					
21	体育老师指导水平					
22	学校健康档案					

序号	请选择你认为最符合你的情况： 你认为×××因素能影响你的锻炼习惯形成	非常 符合	很符合	一般	不太 符合	完全 不符合
23	学校健康教育课程					
24	体育教师教学理念					
25	参加社区的体育社团					
26	每天乘车路程					
27	体育健身信息获得渠道					
28	商业健身中心					
29	政府大型体育活动					
30	健身教练指导					
31	城市运动设施易得性					
32	政府对运动的推广程度					

附录三

锻炼习惯自我报告系数量表

性别：□ 男　□ 女

年龄段：□ 13～15 岁　□ 16～18 岁　□ 19～21 岁　□ 22～25 岁

省份：

序号	请选择最符合你的一项	非常符合	很符合	一般	不太符合	完全不符合
1	我经常参加体育锻炼					
2	我是自动地参与体育锻炼					
3	我不需要有意识地记住就能参与体育锻炼					
4	如果我不参加体育锻炼我会觉得很奇怪					
5	我不需要思考就参与体育锻炼					
6	我需要努力才能不去参加体育锻炼					
7	我每周需要参加 3 次以上体育锻炼，时间 30 分钟以上					
8	在我意识到我参加体育锻炼之前我就开始做了					
9	我很难不去参与体育锻炼					
10	对于参与体育锻炼我没必要考虑					
11	参加锻炼的那是典型的"我"					
12	我已经参加体育锻炼很长时间了					

附录四

青少年锻炼习惯养成影响因素AHP专家问卷

职称：＿＿＿＿＿＿　研究领域：＿＿＿＿＿＿　工作单位：＿＿＿＿＿＿

模块	序号	名称	请选择您认为该题项在组中的重要程度 勾选对应的分数： （每模块内 1 ～ 9 分，每个分数仅可勾选一次） 同一模块的条目之间比较 1：比上一条目同样重要 2：比上一条目稍微重要 3：比上一条目明显重要 4：比上一条目强烈重要 5：比上一条目极端重要 6：比上一条目稍不重要 7：比上一条目明显不重要 8：比上一条目强烈不重要 9：比上一条目极端不重要								
			1	2	3	4	5	6	7	8	9
个人	B1	参与体育活动主动性									
	B2	享受乐趣、舒解压力									
	B3	结交朋友、拓展社交									
	B4	个人健身意识									
	B5	实现目标的满意感									
	B6	避免运动中受伤									
	B7	积极的自我评价									
	B8	体育活动乐趣									
家庭	C1	父母喜欢体育活动									
	C2	父母体育知识与运动习惯									
	C3	家庭体育锻炼气氛									
	C4	家庭经济条件									
	C5	祖辈承担生活照顾									
	C6	亲人的交流与支持									
	C7	父母受教育程度									
	C8	父母对子女时间的管理									

模块	序号	名称	请选择您认为该题项在组中的重要程度 勾选对应的分数： （每模块内1～9分，每个分数仅可勾选一次） 同一模块的条目之间比较 1：比上一条目同样重要 2：比上一条目稍微重要 3：比上一条目明显重要 4：比上一条目强烈重要 5：比上一条目极端重要 6：比上一条目稍不重要 7：比上一条目明显不重要 8：比上一条目强烈不重要 9：比上一条目极端不重要								
			1	2	3	4	5	6	7	8	9
学校	D1	学校的活动场地条件									
	D2	参加学校的体育社团									
	D3	同伴们参与体育锻炼									
	D4	学业压力									
	D5	体育老师指导水平									
	D6	学校健康档案									
	D7	学校健康教育课程									
	D8	体育教师教学理念									
社会	E1	参加社区的体育社团									
	E2	每天乘车路程									
	E3	体育健身信息获得渠道									
	E4	商业健身中心									
	E5	政府大型体育活动									
	E6	健身教练指导									
	E7	城市运动设施易得性									
	E8	政府对运动的推广程度									

附录五

青少年锻炼习惯养成影响因素访谈提纲

指导语：为了完成我的论文，将对你进行锻炼习惯影响因素的访谈，请尽量详细地回答问题，访谈内容严格保密，仅作为学术研究使用。

访谈题目：

1. 姓名　年龄　学段　籍贯　就读学校

2. 回忆过去的一周，除了体育课之外，有几次、多长时间的体育锻炼活动？锻炼时段是什么时段？锻炼方式是什么？（体育锻炼习惯报告）

3. 回忆过去的一周，平均每天坐着的时间有多少？坐着时都在做些什么事情？使用手机等平板媒体多还是使用传统笔记本或电脑多？（久坐行为报告）

4. 学校方面：分别回忆一下你的初中、高中、大学阶段的体育课、体育社团参与、体育项目认知情况。是否在上学过程中有体育锻炼行为？频率如何？为什么锻炼？影响你过去在学校参加锻炼的原因是什么？

你上大学前所在的城市教育现状如何？学业压力如何？同学和朋友们体育锻炼情况如何？

5. 家庭方面：家庭成员情况？家庭成员喜欢锻炼吗？参与锻炼吗？会建议你参加体育锻炼吗？和你一起锻炼吗？频率如何？项目如何？亲戚喜欢锻炼吗？体育的投入（如经济、时间）如何？

家庭成员体育活动对你和家人、朋友的锻炼行为有影响吗？具体事例举例说明。

社区有体育场馆和组织吗？你们会参加社区的活动吗？

6. 社会方面：在你过去的经历中有接触到体育比赛吗？什么级别的？有没有参与？有没有影响你的锻炼行为？

通过什么渠道获得体育的知识和信息？主动获得或被动获得？对锻炼习惯有影响吗？

有没有喜欢的偶像？偶像锻炼习惯和锻炼行为会对你有影响吗？是怎样的影响？

你的居住地附近体育场馆多吗？多长时间能到达？体育活动的设施一般来源于哪里？体育场馆设施会对你的锻炼习惯产生影响吗？

你居住的城市有大型体育赛事吗？这些赛事对你的生活有影响吗？

7. 个人方面：你在锻炼中能获得乐趣、满足感、自信心吗？具体描述一下什么时候可以获得以上感觉。

你身边的朋友会和你一起参加吗？在体育锻炼中有伙伴吗？你会号召或影响别人参加体育锻炼吗？可以举例说明。

你对体育锻炼的认知充分吗？例如掌握正确的锻炼方法？对健康的行为了解的多吗？

8. 你觉得是什么让你愿意参加体育锻炼，并且愿意一直参加？

9. 你觉得是什么阻碍了你参加体育锻炼？你觉得为什么会阻碍你参加？

10. 你觉得在你的记忆里，印象最深刻的对你体育锻炼产生了影响的事情是什么？影响你锻炼的人是谁？举例说明。

注：在访谈过程中如有问题回答不充分，可以追问或引导被访者举例说明。

附录六

访谈对象名单及基本信息

编号	姓名	性别	年龄	籍贯	就读学校
A1	顾*盈	女	13	上海	上海徐汇区**初级中学
A2	刘*兮	女	13	上海	上海徐汇区**初级中学
A3	张*怡	女	13	上海	上海徐汇区**初级中学
A4	张*威	男	14	江苏	上海松江区**外国语学校
A5	吴*砚	男	14	安徽	上海松江区**外国语学校
B1	杨*明	男	17	四川	成都某外国语高中
B2	李*林	男	17	云南	成都某外国语高中
B3	陈*伍	男	17	四川	成都某外国语高中
B4	王*怡	女	16	安徽	上海松江区某高中
B5	郭*盈	女	16	上海	上海松江区某高中
C1	柴*宇	女	19	河北	上海**大学（本科）
C2	刘*蝶	女	19	安徽	上海**大学（本科）
C3	陈*婷	女	20	江苏	内蒙古**大学（本科）
C4	王*琛	女	20	河南	内蒙古**大学（本科）
C5	黄*涵	女	20	内蒙古	内蒙古**大学（本科）
C6	乔*昕	女	20	上海	上海**大学（本科）
C7	丛*晨	男	20	上海	上海**大学（本科）
C8	耿*武	男	20	安徽	上海**大学（本科）
C9	刘*涛	男	21	江西	上海**大学（本科）
C10	沈*欣	女	21	河北	上海**大学（本科）
D1	潘*羽	女	25	新疆	上海**大学（研究生）
D2	胡*晓	男	22	山东	上海**大学（本科）
D3	甘*峻	男	23	广东	上海**大学（本科）
D4	徐*	女	22	安徽	上海**大学（本科）
D5	刘*杰	男	22	辽宁	上海**大学（本科）
D6	梁*伟	男	22	广西	上海**大学（本科）
D7	朱*玥	女	22	上海	上海**大学（本科）
D8	沈*苇	女	23	内蒙古	上海**大学（研究生）
D9	陈*龙	男	24	江西	上海**大学（研究生）
D10	张*帆	男	25	河南	上海**大学（研究生）

9 参考文献

［1］Aarts H, Paulussen T, Schaalma H. Physical exercise habit: On the conceptualization and formation of habitual health behaviours［J］. *Health Education Research*, 1997(12): 363–374.

［2］Adams C D. Variations in the sensitivity of instrumental responding to reinforcer devaluation［J］. *Quarterly Journal of Experimental Psychology B: Comparative and Physiological Psychology*, 1982(34B): 77–98.

［3］Ajzen I. The theory of planned behavior［J］. *Organizational Behavior and Human Decision Processes*, 1991(50): 179–211.

［4］Armitage C J. Can the theory of planned behavior predict the maintenance of physical activity?［J］. *Health Psychology*, 2005(24): 235–245.

［5］Bagozzi R P, Yi Y J. The degree of intention formation as a moderator of the attitude–behavior relationship［J］. *Social Psychology Quarterly*, 1989(52): 266–279.

［6］Bandura A. *Self–Efficacy: The Exercise of Control*［M］. New York: Freedman, 1997.

［7］Bandura A. Health promotion by social cognitive means［J］. *Health Education & Behavior*, 2004(31): 143–164.

［8］Bandura A. *Social Foundations of Thought and Action: A Social Cognitive theory*［M］. Engelwood Cliffs, NJ: Prentice–Hall, 1986.

［9］Bargh J A. The four horsemen of automaticity: Awareness, intention, efficiency, and control in social cognition. In R.S. Wyer & T.K. Srull (Eds.)［J］. *Handbook of Social Cognition: Vol. 1 Basic Processes*, 1994: 1–40.

［10］Beach L R, Mitchell T R. A contingency model for the selection of decision strategies［J］. *Academy of Management Review*, 1978(3): 439–449.

［11］Bijnen F C, Mosterd W L, Caspersen C J. Physical Inactivity: A Risk Factor for Coronary Heart Disease［M］. Geneva, Switzerland: International Society for the World Health Organization, 1992.

［12］Blair S N, Barlow C E, Kohl H W III. Physical activity, physical fitness, and all-cause mortality in women: do women need to be active? [J] . *Journal of the American College of Nutrition*, 1993, 12(4): 368-71.

[13] Bluemke M, Brand R, Schweizer G, Kahlert D. Exercise Might Be Good For Me, But I Don't Feel Good About It: Do Automatic Associations Predict Exercise Behavior? [J] . *Journal of Sport & Exercise Psychology*, 2010(32): 137-153.

[14] Christeen G, Andrew H, Jenny P. The Representation of Female Athletes in Textual and Visual Media [J] . *Corporate Communications : An Interational Journal*, 2001, 6(2):94-101.

[15] Christopher A Yao, Ryan E Rhodes. Parental correlates in child and adolescent physical activity: a meta-analysis [J] . *International Journal of Behavioral Nutrition and Physical Activity*, 2015(12): 10,1-38.

[16] Colwill R M, Rescorla R A. Postconditioning devaluation of a reinforcer affects instrumental responding [J] . *Journal of Experimental Psychology: Animal Behavior Processes*,1985(11): 120-132.

[17] Conroy D E, Berry T R, Automatic affective evaluations of physical activity [J] . *Exercise and Sport Sciences Reviews*, 2017(45): 230-237.

[18] Craig C L, Bauman A, Latimer-Cheung A, Rhodes R E, Faulkner G, Berry T R, Spence J C. An evaluation of the my Particip ACTION campaign to increaseself-efficacy for being more physically active [J] . *Journal of Health Communication*, 2015(20): 995-1003.

[19] Craig C L, Marshall A J, Sjöström M, Bauman A E, Booth M L, Ainsworth B E, Pratt M, Ekelund U, Yngve A, Sallis J F, Pekka O J A. International Physical Activity Questionnaire: 12-country reliability and validity [J] . *Medicine & Science in Sports & Exercise*, 2003(35): 1381-1395.

[20] Danner U N, Aarts H, Papies E K, de Vries N K. Paving the path for habit change: Cognitive shielding of intentions against habit intrusion [J] . *British Journal of Health Psychology*, 2011(16): 189-200.

[21] Deci E L, Ryan R M. *Intrinsic Motivation and Self-determination in Human Behavior* [M] . New York: Plenum Press, 1985.

[22] Deci E L. *Intrinsic motivation* [M] . New York: Plenum, 1975.

[23] Deci E L, Ryan R M. The "what" and "why" of goal pursuits: Human needs and the self-determination of behavior [J]. *Psychological Inquiry*, 2000(11): 227–268.

[24] de Ridder D T D, Lensvelt-Mulders G, Finkenauer C, Stok F M, Baumeister R F. Taking stock of selfcontrol:a meta-analysis of how trait self-control relates to a wide range of behaviors [J]. *Personality and Social Psychology Review*, 2012(16): 76–99.

[25] Dickinson A. Actions and habits: The development of behavioural autonomy. Philosophical Transactions of the Royal Society of London. Series B [J]. *Biological Sciences*, 1985(308): 67–78.

[26] Einstein G O, McDaniel M A. Normal aging and prospective memory [J]. *Journal of Experimental Psychology–Learning Memory and Cognition*, 1990(16): 717–726.

[27] Ekkekakis, P, Zenko Z. *Escape from Cognitivism: Exercise as Hedonic Experience* [M] // In M, Raab P, Wylleman R, Seiler A M, Elbe, A Hatzigeorgiadis (Eds.). Sport and exercise psychology research from theory to practice. London: Academic Press, 2016: 389–414.

[28] Fishbein M, Ajzen I. *Belief, Attitude, Intention and Behavior: An Introduction to Theory and Research* [M]. MA: Addison Wesley, 1975.

[29] Gaby Ronda, Patricia Van Assema, Johannes Brug. Stages of change, psychological factors and awareness of physical activity levels in the Netherlands [J]. *Health Promotion International*, 2001, 16(4): 305–314.

[30] Galla B M, Duckworth A L. More than resisting temptation: Beneficial habits mediate the relationship between self-control and positive life outcomes [J]. *Journal of Personality and Social Psychology*, 2015(109): 508–525.

[31] Gardner B, Phillips L A, Judah G. Habitual instigation and habitual execution: Definition, measurement, and effects on behaviour frequency [J]. *British Journal of Health Psychology*, 2016(21): 613–630.

[32] Godino J G, Watkinson C, Corder K, et al. Awareness of physical activity in healthy middle-aged adults: a cross-sectional study of associations with sociodemographic, biological, behavioural, and psychological factors [J]. *BMC*

Public Health, 2014(14): 421.

［33］Hagger M S, Chatzisarantis N L D. An integrated behavior change model for physical activity［J］. *Exercise and Sport Sciences Reviews*, 2014, 42(2) : 62−9.

［34］Heitzler C D, Martin S L, Duke J, Huhman M. Correlates of physical activity in a national sample of children aged 9−13 years［J］. *Preventive Medicine*, 2006, 42(4): 254−260.

［35］James W. *The Principles of Psychology*［M］. New York: H. Holt, 1890.

［36］Janie M. Leary, Christa IceLesley Cottrell Adaptation and cognitive testing of physical activity measures for use with young, school−aged children and their parents［J］. *Quality of Life Research*, 2012, 21(10): 1815−1828.

［37］Jeffery R W, Drewnowski A, Epstein L H, Stunkard A J, Wilson G T, Wing R R. Long−term maintenance of weight loss: Current status［J］. *Health Psychology*, 2000, 19(Suppl.1): 5−16.

［38］Joan Wharf Higgins, Catherine Gaul, Sandra Gibbons, Geraldine Van Gyn. Factors Influencing Physical Activity Levels Among Canadian Youth Canadian journal of public health［J］. *Revue Canadienne de Santé Publique*, 2003(1): 45−50.

［39］Kaushal N, Rhodes R E, Meldrum J T, Spence J C. The role of habit in different phases of exercise［J］. *British Journal of Health Psychology*, 2017(22): 429−448.

［40］Kaushal N, Rhodes R E, Spence J C, Meldrum J T. Increasing physical activity through principles of habit formation in new gym members: A randomized controlled trial［J］. *Annals of Behavioral Medicine*, 2017(51): 578−586.

［41］Kaushal N, Rhodes R E. Exercise habit formation in new gym members: A longitudinal study［J］. *Journal of Behavioral Medicine*, 2015(38): 652−663.

［42］Kruglanski A W, Shah J Y, Fishbach A, Friedman R, Chun W Y, Sleeth−Keppler D. A theory of goal systems［J］. *Advances in Experimental Social Psychology*, 2002(34): 331−378.

［43］Kimiecik J C, Horn T S, Shurin C S. Relationships among children's beliefs, perceptions of their parents' beliefs, and their moderate−to−vigorous physical activity［J］. *Research Quarterly for Exercise and Sport*, 1996, 67(3): 324−336.

［44］Kerry S Courneya. Ronald C Plotnik off. Stephen B. Hotz. & Nicholas

Birkett [J]. *American Journal of Health Behavior*, 2000, 24(4):300−308.

[45] Lally P, van Jaarsveld C H M, Potts H W W, Wardle J. How are habits formed: Modelling habit formation in the real world [J]. *European Journal of Social Psychology*, 2010(40): 998−1009.

[46] Lally P, Wardle J, Gardner B. Experiences of habit formation: A qualitative study[J]. *Psychology, Health & Medicine*, 2011(16): 484−489.

[47] Lally P, Chipperfield A, Wardle J. Healthy habits: Efficacy of simple advice on weight control based on a habit formation model [J]. *International Journal of Obesity*, 2008(32): 700−707.

[48] Maltz M. *Psycho−Cybernetics* [M]. New York: Prentice Hall, 1969.

[49] Marsh R L, Hicks J L, Hancock T W. On the interaction of ongoing cognitive activity and the nature of an event−based intention [J]. *Applied Cognitive Psychology*, 2000(14): S29−S41.

[50] Marteau T M, Hollands G J, Fletcher P C, Changing Human Behavior To Prevent Disease: The Processes [J]. *Science*, 2012(337): 1492−1495.

[51] McDaniel M A, Einstein G O. The importance of cue familiarity and cue distinctiveness in prospective memory [J]. *Memory*, 1993(1): 23−41.

[52] McDaniel M A, Einstein G O. Strategic and automatic processes in prospective memory retrieval: A multiprocess framework [J]. *Applied Cognitive Psychology*, 2000(14): S127−S144.

[53] Meier B, Graf P. Transfer appropriate processing for prospective memory tests [J]. *Applied Cognitive Psychology*, 2000(14): S11−S27.

[54] Mota J. Parents' physical activity behaviors and children's physical activity [J]. *Journal of Human Movement Studies*. 2008(35): 89−100.

[55] Neal D T, Wood W, Labrecque J S, Lally P. How do habits guide behavior? Perceived and actual triggers of habits in daily life [J]. *J Exp. Soc. Psychol*, 2012(48): 492−498.

[56] Redish A D, Jensen S, Johnson A. A unified framework for addiction: Vulnerabilities in the decision process[J]. *Behavioral and Brain Sciences*, 2008(31): 415−437.

[57] Rebar A L, Dimmock J A, Jackson B, Et Al, A Systematic Review of The

Effects of Non-Conscious Regulatory Process in Physical Activity [J]. *Health Psychology Review*, 2016(10): 395-407.

[58] Rhodes R E, Rebar A L. Physical Activity Habit: Complexities and Controversies. The Psychology of Habit: Theory, Mechanisms, Change, Contexts [M]. Verplanken B (Eds). Gewerbestrasse, Switzerland: Springer Nature Switzerland Ag, 2018: 91-109.

[59] Rothman A J. Toward a theory-based analysis of behavioral maintenance [J]. *Health Psychology*, 2000, 19(1): 64-69.

[60] Rothman A J, Sheeran P, Wood, W. Reflective and automatic processes in the initiation and maintenance of dietary change [J]. *Annals of Behavioral Medicine*, 2009, 38(1): S4-S17.

[61] Rothman A J, Sheeran P, Wood W. Reflective and automatic processes in the initiation and maintenance of dietary change [J]. *Annals of Behavioral Medicine*, 2009, 38(1): S4-S12.

[62] Ryan R M, Deci E L. Overview of self-determination theory: An organismic dialectical perspective [M] // R M Ryan, E L Deci (Eds.). *Handbook of Self-determination Research. Rochester*, N.Y.: The University of Rochester Press, 2002.

[63] Sallis J F, Patrick K. Physical Activity Guidelines for Adolescents: Consensus Statement [J]. *Paediatric Exercise Science*, 1994(6): 302-314.

[64] Schultz W, Dopamine Reward Prediction-Error Signalling: A Two-Component Response [J]. *Nature Reviews Neuroscience*, 2016(17): 183-195.

[65] Sheeran P. Intention-behavior relations: A conceptual and empirical review [J]. *European Review of Social Psychology*, 2002(12): 1-30.

[66] Sheeran P, Orbell S, Trafimow D. Does the temporal stability of behavioral intentions moderate intention-behavior and past behavior-future behavior relations? [J]. *Personality and Social Psychology Bulletin*, 1999(25): 721-730.

[67] Skinner B F. *The Behavior of Organisms: An Experimental Analysis* [M].New York: Appleton-Century-Crofts, 1938.

[68] Strack F, Deutsch R. Reflective and impulsive determinants of social behavior [J]. *Personality and Social Psychology Review*, 2004(8): 220-247.

［69］Triandis H C. *Interpersonal Behavior*［M］. Monterey: Brooks/Cole. 1977.

［70］Triandis H C. Values, Attitudes, and Interpersonal Behavior［M］// Howe, M Page (Eds.). Lincoln, NE: University of Nebraska Press, 1980.

［71］Tolman E C. *Purposive Behavior in Animals and Men*［M］. New York: Appleton–Century– Crofts, 1932.

［72］Tobias R. Changing behavior by memory aids: A social psychological model of prospective memory and habit development tested with dynamic field data ［J］. *Psychological Review*, 2009(116): 408–438.

［73］Verplanken B. Beyond frequency: Habit as a mental construct［J］. *British Journal of Social Psychology*, 2006(45): 639–656.

［74］Verplanken B, Wood W. Interventions to break and create consumer habits ［J］. *Journal of Public Policy and Marketing*, 2006(25): 90–103.

［75］Verplanken B, Melkevik O. Predicting habit: The case of physical exercise ［J］. *Psychology of Sport and Exercise*, 2008(9): 15–26.

［76］Verplanken B, Orbell S. Reflections on past behavior: A self–report index of habit strength［J］. *Journal of Applied Social Psychology*, 2003(33): 1313–1330.

［77］Wood W, Neal D T. The habitual consumer［J］. *Journal of Consumer Psychology*, 2009(19): 579–592.

［78］Wood W, Tam L, Witt M G. Changing circumstances, disrupting habits ［J］. *Journal of Personality and Social Psychology*, 2005(88): 918–933.

［79］Webb T L, Sheeran P. Does changing behavioural intentions engender behavior change? A meta–analysis of the experimental evidence［J］. *Psychological Bulletin*, 2006(132): 249–268.

［80］World Health Organization . *Obesity: Preventing and Managing the Global Epidemic*［M］. Geneva, Switzerland: World Health Organisation, 1998.

［81］白文飞.北京市义务教育阶段学生良好体育锻炼习惯的调查研究［J］.北京体育大学学报, 2003（1）: 786–788.

［82］陈鸣, 余健.运动技能与锻炼习惯［J］.北京体育大学学报, 2003（3）: 404–404.

［83］褚昕宇, 王泽军, 肖焕禹.身体活动的双系统理论: 一种强化学习的视角［J］.心理科学进展, 2020, 28（8）: 1337–1350.

［84］董晨杰，梁晶晶，董玉媛，等.目标导向－习惯学习系统的神经机制［J］.心理科学进展，2018，26（4）：667-677.

［85］董宏伟.家庭社会资本对青少年体育锻炼意识与行为的影响及反思［J］.沈阳体育学院学报，2010，29（2）：33-37.

［86］段文婷，江光荣.计划行为理论述评［J］.心理科学进展，2008，16（2）：315-320.

［87］冯特.生理心理学［M］.德国莱比锡市：莱比锡英格尔曼出版社，1874：339-345.

［88］付道领.初中生体育锻炼行为的影响因素及作用机制研究［D］.重庆：西南大学，2012.

［89］关北光.中学生锻炼习惯形成的心理轨迹及引导方法［J］.体育与科学，1997（9）：64-66.

［90］国务院关于实施健康中国行动的意见.2019年07月15日http://www.gov.cn/zhengce/content/2019-07/15/content_5409492.htm

［91］何晓龙.影响儿童青少年中到大强度体力活动的建成环境因素研究［D］.上海：上海体育学院，2015.

［92］胡小勇，杨沈龙，钟琪，等.社会阶层与健康的关系："社会－心理－生理"机制［J］.科学通报，2019，64（2）：194-205.

［93］胡鹏辉，余富强.中学生体育锻炼影响因素研究——基于CEPS（2014-2015）数据的多层模型［J］.体育科学，2019，39（1）：76-84.

［94］健康中国行动（2019—2030年）.健康中国行动推进委员会.2019年7月9日http://www.gov.cn/xinwen/2019-07/15/content_5409694.htm

［95］姜晓珍，特木其勒图.关于学校因素对大学生体育锻炼习惯形成的影响的研究［J］.南京体育学院学报（社会科学版），2004（2）：47-50.

［96］李京诚.合理行为、计划行为与社会认知理论预测身体锻炼行为的比较研究［J］.天津体育学院学报，1999（2）：35-37.

［97］李华禄，杨慧玲.家庭环境对中小学生体育锻炼习惯的影响［J］.遵义师范学院学报，2010，12（5）：130-133.

［98］莫连芳.高校体育环境对大学生体育锻炼习惯的影响［J］.吉林体育学院学报，2007（2）：143-145.

［99］平杰，舒盛芳，任杰，等.从稳定性特征看上海市中学生体育生活方

式的形成程度［J］.中国体育科技，2011，47（6）：112-120.

［100］沈梦英，毛志雄，张一民.中国成年人锻炼行为的影响因素——HAPA与TPB两个理论模型的整合［J］.体育科学，2010，30（12）：48-54.

［101］舒宗礼.全民健身国家战略背景下社区青少年体育社会组织的培育与发展［J］.体育科学，2016，36（6）：3-10.

［102］苏晓红，李炳光，田英.基于社会生态模型的青少年体育锻炼行为相关因素分析［J］.沈阳体育学院学报，2017，36（4）：70-76.

［103］汤国杰，丛湖平.社会分层视野下城市居民体育锻炼行为及影响因素的研究［J］.中国体育科技，2009，45（1）：139-143.

［104］威廉·詹姆斯.心理学原理［M］.郭宾，译.北京：中国社会科学出版社，2009.

［105］吴明隆.结构方程模型——AMOS操作与应用［M］.重庆：重庆大学出版社，2010.

［106］吴维铭.影响体育习惯形成的因素探析［J］.中国学校体育，1999（2）：61.

［107］吴烨宇.青年年龄界定研究［J］.中国青年研究，2002（3）：36-39.

［108］王红，王东桥，孙鲁.论养成锻炼习惯是奠定学生终身体育基础的关键［J］.北京体育大学学报，2001（12）：540-541.

［109］王华倬，刘玫瑾，于秀.我国大学生课余体育锻炼现状的调查分析［J］.北京体育大学学报，2002，1：89-91.

［110］王坤.大学生体育锻炼习惯概念模型、测评方法和教育干预的研究［D］.上海：华东师范大学，2011.

［111］王培菊.影响大学生体育锻炼习惯形成的心理因素分析［J］.湖北体育科技，2001（4）：41.

［112］王则珊.试论体育兴趣、爱好与习惯——奠定学生终生体育基础应强调培养学生从事体育锻炼的兴趣、爱好和习惯［J］.体育科学，1992（4）：16-18+93-94.

［113］解毅飞，房宜军，王洪妮.体育锻炼习惯研究概况及展望［J］.山东体育科技，2004（1）：42-44.

［114］项明强.促进青少年体育锻炼和健康幸福的路径：基于自我决定理论模型构建［J］.体育科学，2013，33（8）：21-28.

［115］许昭，毛志雄，2015.身体活动熟虑－冲动双系统模型的构建与检验

［J］.体育科学，2015，35（8）：16-23.

［116］姒刚彦.体育活动与心理健康［J］.武汉体育学院学报，1994（3）：58-62.

［117］杨雪，刘志民.体育、性别与权力：西方体育社会学中的女性文本研究［J］.体育与科学，2014，5（35）：21-25+43.

［118］姚远，张顺.家庭地位、人际网络与青少年的心理健康［J］.青年研究，2016（5）：29-37+95.

［119］尹博.运用跨理论模型对大学生体育锻炼行为改变的实证研究［D］.上海：华东师范大学，2007.

［120］张贵婷，靖桥.影响大学生体育锻炼习惯因素体系的研究［J］.北京体育大学学报，2008（5）：669-670.

［121］张加林.上海市初中生身体活动特征、问题及对策研究［D］.上海：上海体育学院，2017.

［122］张绍礼，宋学岷，门传胜，等.辽宁省青少年生活方式和体育锻炼行为成因分析［J］.沈阳体育学院学报，2011，30（3）：106-110.

［123］中共中央 国务院印发《"健康中国 2030"规划纲要》http://www.gov.cn/zhengce/2016-10/25/content_5124174.htm

［124］邹肖云.培养学生终身体育锻炼习惯探讨［J］.成都体育学院学报，1994（3）：80-82.